九月、東京の路上で

加藤直樹

ころから

朝鮮人あまた殺され
その血百里の間に連なれり
われ怒りて視る、何の惨虐ぞ

萩原朔太郎

関東大震災の折、群馬県に住んでいた萩原朔太郎が、同県内で起こった藤岡事件への怒りから震災の翌年に発表。同事件では、デマを信じた自警団によって17人の朝鮮人が殺害された。

（詩は筑摩書房刊『萩原朔太郎全集』による）

まえがき
新大久保の路上から

関東大震災から90年後の２０１３年、私は多くの時間を東京・新大久保の路上ですごしていた。その前年から、新大久保で在特会（在日特権を許さない市民の会）などの民族差別主義者（レイシスト）団体が、「韓国人をたたき出せ」などと叫び、「良い韓国人も悪い韓国人もどちらも殺せ」などといったプラカードを掲げるデモを行っていたことは、これに対する抗議行動とあわせて、読者にとっても記憶に新しいところだろう。

レイシストたちは、韓国人たちが商売し、生活するエリアで、ヘイトスピーチ（差別煽動発言）をまき散らすデモを繰り返していた。さらに「お散歩」と称して路地を練り歩いては、韓国人店員や韓流ファンの客を「ダニ、ゴミ、ウジムシ」などと罵倒した。

その下劣さは多くの人に衝撃を与え、13年2月以降は多くの人が新大久保に駆けつけて、デモのたびにこれに抗議するようになった。この運動が世論を動かし、行政を動かしたことで、同年7月以降はレイシストたちはそれまでのように新大久保で頻繁にデモをできなくなった。

私もまた、この抗議行動に参加するために、毎週のように新大久保の路上に通った。

私は新大久保で生まれ育っている。大久保通りの風景は、70年代とは様変わりしたが、それでも私の故郷のようなものである。ここはもともと在日コリアンがほかの地域よりは多く、新宿の近くということもあって多様な人々が住む街だった。そこに押しかけて住民を罵倒し、商売の邪魔をする者たち、「日本人」と「それ以外」という線を引いて「新大久保を日本人の手に取り戻せ」などと幼稚な論理を振り回しては我がもの顔でふるまう者たちに、私は怒りを感じていたのだ。

3月以降、毎回、抗議行動に参加した。多くの人々とともに、彼らのデモが来る歩道に立ち、プラカードを掲げ、ビラをまく。

実際に目にするヘイトスピーチデモは聞きしにまさる醜悪さだった。進軍ラッパとともに始まる演出。「ぶち殺せ」「たたき出せ」といったシュプレヒコール。デモの人数に対して過剰なほどに多く林立する日の丸と旭日旗。軍人のコスプレをしている者や、日の丸のマントで体をすっぽりと包み、プロレスラーのような覆面をした男もいる。韓流ショップを訪れた女性たちを罵る者もいる。それはこの上なく許しがたいと同時に、脱力するほどばかばかしい振る舞いでもあった。

だが、「不逞朝鮮人」の文字を彼らのプラカードに見つけたとき、私は1923年関東大震災時の朝鮮人虐殺を思い出してぞっとした。レイシストたちの「殺せ」という叫びは、90年前に東京の路上に響いていた「殺せ」という叫びと共鳴している――。

1923年（大正12年）の関東大震災は、10万人以上の死者を出した大惨事だったが、これにさらに凄惨な相を与えたのが、「朝鮮人が放火している」「井戸に毒を投げている」という噂を真に受けた人々が刃物や竹ヤリなどで行った朝鮮人（さらには中国人）の無差別虐殺だった。行政や軍もこれらのデマを事実と思い込み、率先して広め、ときには殺害を実行した。東京はそのとき、かつてのユーゴスラビアやルワンダのようなジェノサイドの街だった。

普通の人々が、民族差別（レイシズム）に由来する流言につき動かされて、虐殺に手をそめた過去をもつ都市。いつ再び大地震が来てもおかしくない都市。そこで今、かつてと同様に「朝鮮人を皆殺しにしろ」という叫びがまかり通っている。これはあまりにもまずい事態ではないか。

「うちのお祖母さんが言っていました。日本人は豹変する。だから怖いと」

かつて在日コリアンの女性から聞いた言葉が頭をよぎった。

関東大震災は過去の話ではない。今に直結し、未来に続いている。焦りのような思いから、私は路上でともに行動した仲間たちに呼びかけて、90年前に虐殺があった東京各地を訪ねて写真を撮り、そこで起きたことを当時の証言や記録をもとに伝えるブログを開設することにした。13年9月限定更新と銘打ったブログだったが、レイシズムが台頭する今の風潮に危機感を抱く多くの人の反響を呼んだ。

本書は、それをもとに加筆し、まとめたものだが、この歴史的大事件の全体像を「解説」するものではない。大きな流れをつかんでいただくために最低限の説明は入れたが、たとえば当時の政治家たちの動向や、後世の歴史学的な論争などにはほとんど触れていない。本書の目的は、90年前の東京の路上でさまざまな人々が経験した現実を「感じる」ことである。主要な出来事を網羅したわけでもないし、もっとも残酷な事例を集めたわけでもないことは、ご承知いただきたい。

新大久保が10数年で大きく姿を変えたように、東京の路上に90年前の面影を見出すのは難しい。だが実は、あの虐殺の「残響」は、街にも、人の心のなかにも響いている。90年前の路上を訪ねることは、今に続く残響を聞き取ることでもある。

もくじ

第2章 1923年9月、地方へと拡がる悪夢

第3章 あの9月を生きた人々 123

第4章
90年後の「9月」

年譜

1904年　日露戦争勃発（〜05年）
1910年　韓国併合、大逆事件
1912年　明治天皇死去
1914年　第一次世界大戦勃発（〜18年）
1917年　ロシア革命
1918年　シベリア出兵／米騒動
1919年　三一独立運動
1922年　シベリア出兵終了

1923年9月

関東大震災関連年譜

1日

午後3時／警視庁が初めて「朝鮮人の放火」流言を確認
【午後より「朝鮮人暴動」流言広がる。夜、一部で朝鮮人迫害】

2日

午後4時、または6時／東京市と東京府下5郡に戒厳令施行
午後5時／警視庁が各署に「不逞者取締」を命じる
夜　山本権兵衛内閣が発足
【流言が拡大。各地に自警団がつくられる。自警団・軍による虐殺が拡大】
埼玉県当局が「不逞鮮人」警戒を呼びかける通牒

本書関連年譜

1日　土曜日

午前11時58分／関東南部で大地震発生⬇P21

2日　日曜日

未明／品川警察署　全錫弼が警察に保護される⬇P26
午前5時／旧四ッ木橋　曺仁承が死体の山を目撃⬇P30
昼／神楽坂　中島健蔵が神楽坂署の前で男が頭を刺されるのを目撃⬇P33
午後2時／亀戸駅　越中谷利一の所属する騎兵連隊が「列車改め」⬇P42
午後／警視庁　正力松太郎官房主事が警視庁に戻り「朝鮮人暴動」の実在を信じる⬇P37
午後8時／千歳烏山　工事に向かうトラックが自警団に襲われ、洪其白が死亡⬇P46

夜／千駄ヶ谷　伊藤国夫（後の千田是也）が朝鮮人に間違えられる⬇P135

夜／深川区　鄭チョの一家が男に「殺すぞ」と脅される⬇P129

3日　月曜日

戒厳令を東京府全域、神奈川県に拡大

政府が、容疑のない朝鮮人は保護、「容疑の点ある」朝鮮人は警察・憲兵が適当処分するとの決定

内務省警保局長名で全国に「朝鮮人放火」打電（文書作成は2日）

内務省警保局が各新聞社に朝鮮人関係記事掲載禁止の警告

午前／上野公園　銀行員の染川春彦が朝鮮人へのリンチを目撃⬇P65

午後3時／東大島　中国人労働者300人以上が軍と労働者たちによって虐殺⬇P59

午後4時／永代橋　30人、あるいは32人の朝鮮人が軍、警察、群衆によって殺害⬇P65

4日　火曜日

戒厳令を埼玉県、千葉県に拡大

朝鮮人を習志野収容所などに収容することを決定

午前2時／荒川鉄橋　慎昌範らが自警団に襲撃される⬇P69

朝／亀戸署　全虎巌が労働組合の仲間が殺されたことを獄中で知る（亀戸事件）。朝鮮人の死者は50～60人か⬇P72

夕方／折口信夫が増上寺山門前で自警団に取り囲まれる⬇P153

夜／熊谷で40～80人の朝鮮人が虐殺される⬇P87

夜（日時は曖昧）／船橋市丸山集落　村人たちが他集落の自警団から朝鮮人を守る⬇P142

5日　水曜日

山本権兵衛首相が、朝鮮人迫害に「自重」促す内閣告諭発表

午後4時半／旧・羅漢寺（西大島）　浦辺政雄が16人の朝鮮人殺害を目撃⬇P93

6日　木曜日

戒厳司令部が朝鮮人への「無法の待遇」を「絶対に慎め」とする注意を発表

午前2時／寄居警察分署　具学永が群衆に惨殺される⬇P98

7日　金曜日

出版や通信も含め、流言浮説を罰する緊急勅令（治安維持令）を発布

【この頃、朝鮮人への暴行・虐殺は収束】

1923年9月

16日
アナキスト大杉栄、伊藤野枝、大杉の甥の橘宗一が憲兵に虐殺される

9月下旬／自警団による殺傷・騒擾事件の検挙が始まる

8日　土曜日
八千代市　村人たちが軍に渡された朝鮮人を殺害する➡P139

9日　日曜日
李性求が池袋付近で青年たちに暴行される➡P106

12日　水曜日
未明／逆井橋　王希天が軍に殺害される➡P115

1923年10月以降

10月20日／朝鮮人問題についての報道が解禁される。

10月下旬／習志野収容所が収容終了

11月15日／戒厳令解除

12月27日　虎ノ門事件（皇太子狙撃事件。正力松太郎警務部長が免職）

10月28日
芝増上寺「朝鮮同胞追悼法要」で鄭然圭が痛憤する➡P175

12月14日
国会　田渕豊吉、政府に朝鮮人虐殺への謝罪を求める質問➡P162

1925年　治安維持法公布
1926年　大正天皇死去
1928年　第1回普通選挙
1929年　世界恐慌
1931年　満州事変

1933年　国際連盟脱退
1936年　2・26事件
1937年　日中戦争突入（盧溝橋事件）
1938年　国家総動員法公布
1939年　ノモンハン事件、第二次世界大戦勃発
1941年　太平洋戦争開戦
1945年　終戦
1948年　大韓民国・朝鮮民主主義人民共和国建国

1973年／横網町公園内に「関東大震災朝鮮人犠牲者追悼行事実行委員会」による追悼碑が建立➡P175

1996年／藤岡信勝・自由主義史観研究会著『教科書が教えない歴史』刊行➡P142

2000年4月9日
陸上自衛隊練馬駐屯地／石原慎太郎都知事が大地震発生時の「三国人」騒擾に対処する治安出動を自衛隊に求める➡P196

2005年／ハリケーン・カトリーナが米国ニューオリンズを直撃➡P189

2007年／在日特権を許さない市民の会（在特会）結成

2009年／旧四ッ木橋のたもと付近に「韓国・朝鮮人殉難者追悼之碑」建立➡P175

2009年／工藤美代子『関東大震災「朝鮮人虐殺」の真実』刊行➡P157

2012年8月25日／新大久保　桜井誠とその仲間が「コリアンタウンを焼き尽くせ」と叫びながら路地を練り歩く➡P182

2013年2月～／新大久保　レイシストのデモに対するカウンター行動が展開される➡P5

本書に登場する事件の現場地図

※Ｐ１６の都県名および都県境は現在のもの

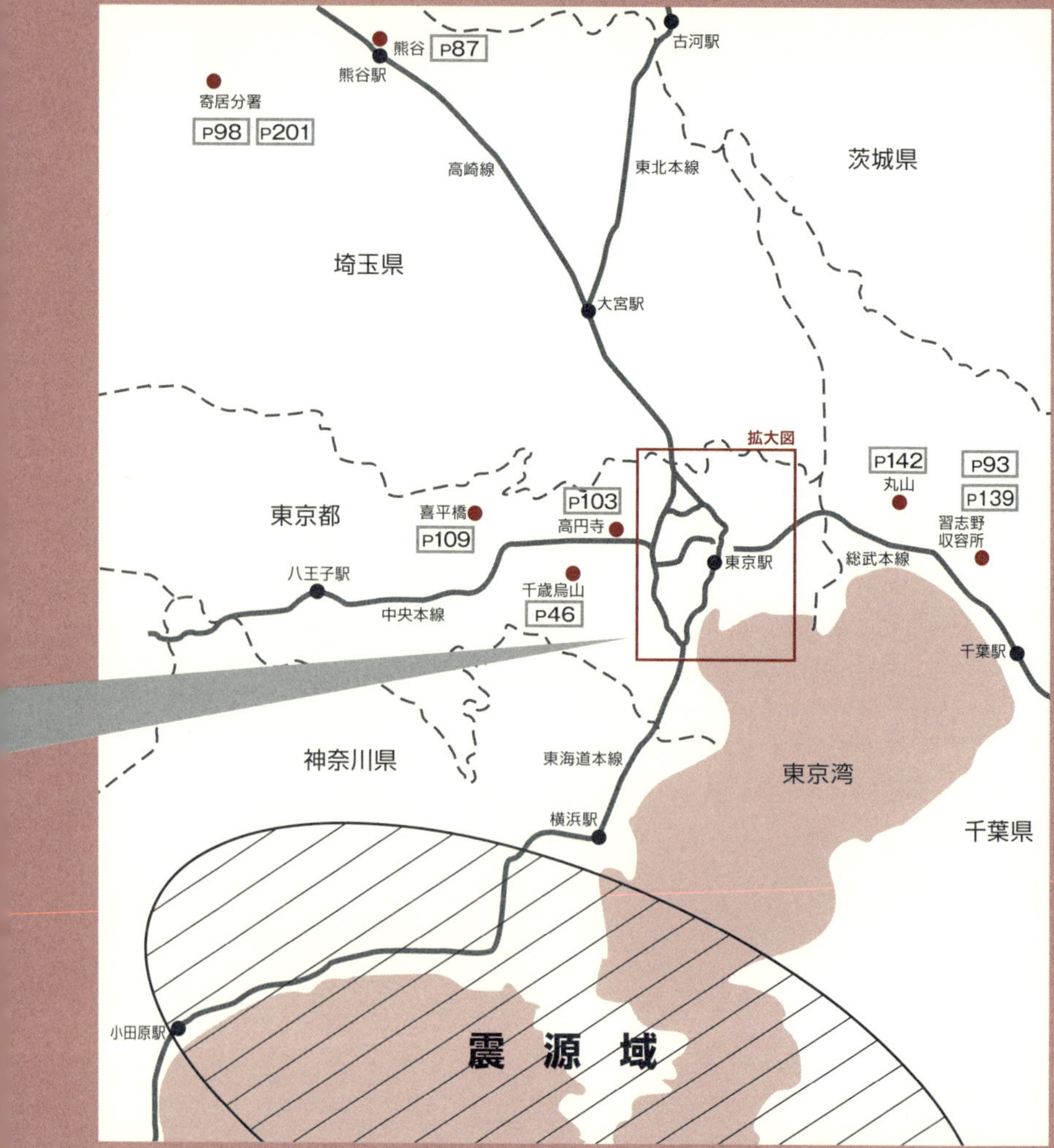

関東大震災［1923年］当時の東京市区分図

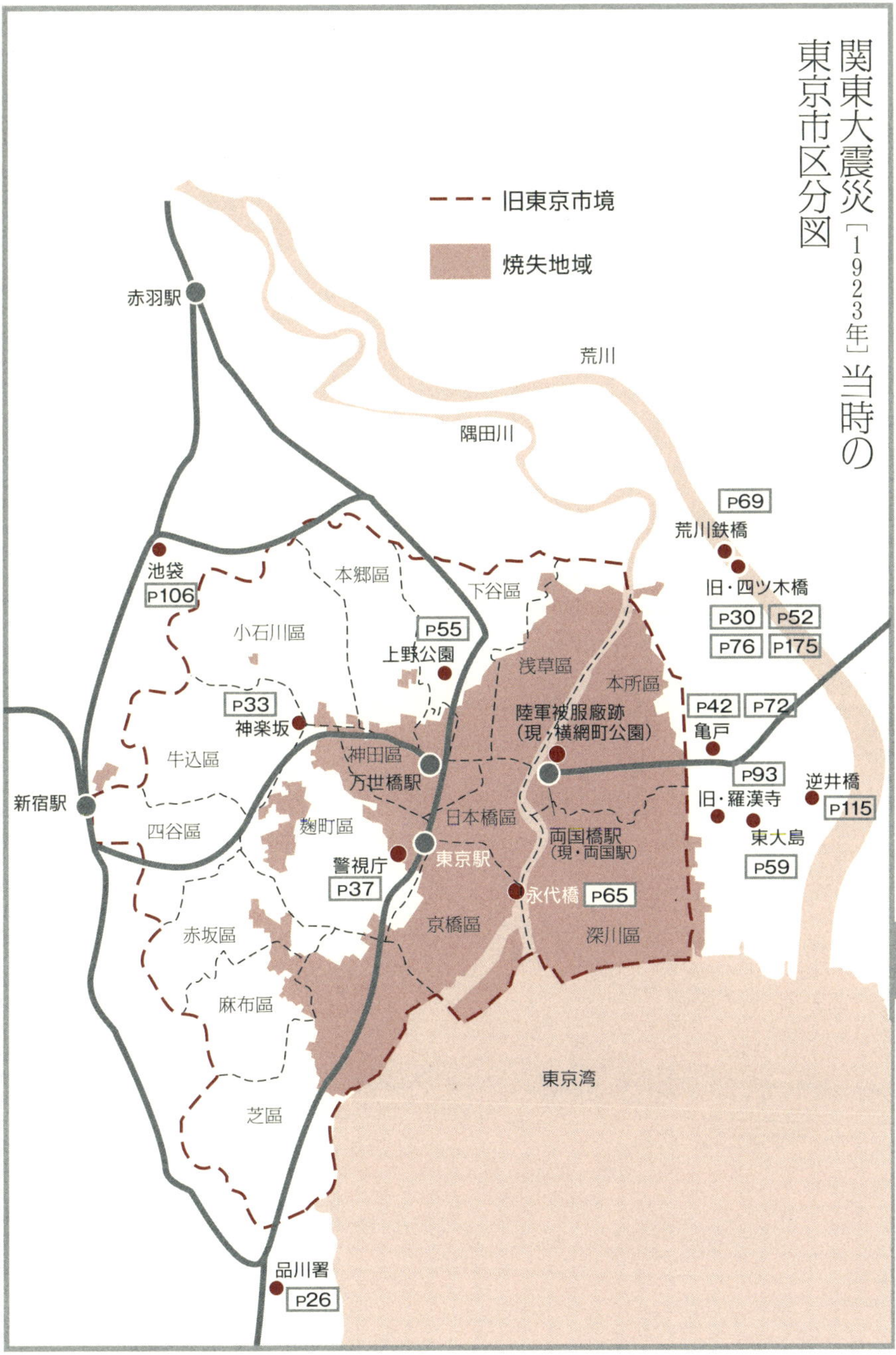

凡例

本書は、民族差別への抗議行動・知らせ隊によるブログ「9月、東京の路上で」(http://tokyo1923-2013.blogspot.jp/)をもとに全面的に加筆・修正したものです。

引用文献には、現代の観点では不適当と思われる「鮮人」「不逞鮮人」などが含まれますが、歴史的資料については修正せずに掲載しています。

歴史的な証言・資料などは、原則として「ひらがな・現代表記」に改めています。ただし、一部については原文の通りにしています。また、引用を含めて算用数字で表記しています。

出典については適宜示していますが、巻末に参考文献一覧として、項目ごとの資料を付しています。

本文中の朝鮮人名と生(没)年が明かな日本人名について、初出時にルビを振っています。

◉章扉グラフィックス
켄짱_KenZ　［ソウル］

◉写真
今井一詞　［トウキョウ］… カバー
yekava roboto　［トウキョウ］… 本文

◉地図
シナダミキ　［トウキョウ］

◉装丁
安藤　順　［サイタマ］

◉協力
民族差別への抗議行動・知らせ隊

第1章

1923年9月、ジェノサイドの街で

1923年 9月1日 土曜日 午前11時58分
関東地方

マグニチュード7・9

その日は土曜日だった。夜明け前からの大雨が午前10時頃にやむと、どんよりとした蒸し暑い日が始まった。

浦辺政雄は当時16歳。本所区長岡町（現在の墨田区石原4丁目）に住み、夜学に通いながら古道具屋の父の仕事を手伝っていた。この日の浦辺家の昼食は赤飯に煮しめだった。商家の慣わしで、毎月1日《おついたち》には赤飯を食べるのである。4歳の妹は外で遊んでおり、兄は病院に勤めに出ていたので、膳を囲んでいるのは政雄と父母の3人だった。

正午まであとわずかというとき、突然、床がむくりと持ち上がったかと思うと、左右に大きな揺れが始まった。「地震だ、大きいぞ」。父が叫んだ。柱につかまりながら外に顔を出すと、裏の長屋が今まさに倒壊していくのが見えた。

午前11時58分。その巨大な破壊は突然始まった。最大震度7、マグニチュード7・9。震源は神奈川・相模湾から房総半島南端にかけての一帯。たった数分の揺れによって、東京と神奈川を中心に10万棟以上の家屋が倒壊した。

新築の浦辺家は無事だったが、そのうちに遠くから火災が迫って来る。荷車に家財道具を積み上げた父は錦糸町駅で待つと言い残して駆け出していった。浦辺は、母と妹とともに、残りの荷物をもう一台の荷車に積み上げて父のあとを追ったが、気がついたときにはあたり一面が火の海となっていた。へたり込んで念仏を唱え始めた母の手を引き、妹を背中に背負って、浦辺は必死で炎の中を逃げ惑った。父が待っているはずの錦糸町駅はすでに危険な状態だった。合流をあきらめた浦辺は火災を避けながら走り続け、午後4時ごろ、ようやく知人が住む大島町《おおじま》（現江東区）にたどり着いた。

火災は亀戸手前の横十間川で食い止められており、大島付近は無事だった。振り返ると、本所・深川方面は一面の黒煙に包まれていた。ときおり、どこかで巻き上げられたトタン板が焼きノリのようにペラペラと舞いながら飛んできて、気味の悪い音を立てて近所に落ちた。日が暮れると、都心方向の空が赤く染まって見えた。

都心はほぼ壊滅してしまった。地震の発生が昼食どきだったことが、火災の被害を拡大させたのだ。倒壊家屋からの出火によって同時多発的に発生した火災は強風にあおられて広がった。焼失面積は東京市の約44%、横浜市では実に80%に達した。火災が完全に鎮火したのは3日朝のことである。都心の広大な地域が焼け野原となり、翌日には九段の坂の上から東京湾が見えたという。倒壊・焼失家屋は約29万3000棟にのぼり、死者・行方不明者は10万5000人を超えた。被害総額は当時の国家予算の3・4倍。

最大の被害を出したのが陸軍被服廠《ひふくしょう》跡だった。現在の墨田区・横網《よこあみ》町公園とその周辺である。当時、公園造成中でだだっ広い空間であったこの場所には、4万人が避難していた。だが、そこを周囲の火災が引き起こす猛烈な「火炎旋風」が襲い、3万8000人が亡くなる惨事となった。

翌2日朝、浦辺は父と兄を探すために都心に向かった。そこかしこに焼死体が転がる焼け跡を歩き続ける彼は、ある場所で異様な光景を目撃する。

数人の男たちが、一人の男を引っ張って歩かせているのだ。引きずられているのは、針金で縛り上げられた朝鮮人だった。

「こいつは太い野郎だ、死人の物を盗みやがった。これを見てくれ」

男が示したバケツの中を覗くと、焼けた時計や指輪らしきものが見えた。

この朝鮮人が本当にそれらを盗んだのかどうかはわからない。念のため言っておくと震災後、遺体から金目のものを盗む不届き者は確かに存在した。その多くは日本人だった。◉

父と兄の安否で頭が一杯の浦辺は、そんなことに構っておられず、すぐにまた歩き始めた。だが、このとき彼が見たものは、震災そのものに続くもうひとつの巨大な惨劇のいわば「予兆」だった。

震災がもたらした突然の大量死と破壊の衝撃によって、人々の心にはやり場のな

◉ 山田昭次（立教大学名誉教授）は、震災時の東京区裁判所管内の窃盗件数が4400余件であること、一方で司法省報告の中に見られる、検挙されたと思しき朝鮮人の窃盗件数は15件16人であることを指摘している

い怒りと不安が膨らみつつあった。そして、通信が途絶したうえ、東京市内の新聞社のほとんどが壊滅し、正確な情報が入ってこないなか、目に見えない不安に形を与えるかのように不穏な流言が飛び交い始めた。

地震が再来するそうだ…、品川は津波にやられたらしい…、首相が暗殺されたらしい…。そのなかで次第に膨らんでいったのが「朝鮮人の暴動」という流言だった。朝鮮人が各地に放火している…、朝鮮人が井戸に毒を入れて回っている…、朝鮮人が…朝鮮人が…。

流言は、朝鮮人300人がどこそこからどこそこへと進撃中、あと数キロでここまで来るぞ、という具合に妙な具体性を帯びながら、避難民の移動とともに広がっていった。「朝鮮人暴動」の流言は地震当日の午後、横浜と東京の一部地域で発生し、夕方には一部の地域で実際に朝鮮人への迫害に帰結する。

浦辺は翌日以降、それを何度も目の当たりにすることになる。

震災犠牲者の遺骨を安置する東京都慰霊堂（横網町公園内）。
陸軍被服廠跡であった、この場所で３万8000人が亡くなった。
戦後は東京大空襲などの犠牲者の遺骨も納められている

1923年

9月2日　日曜日　未明

品川警察署前［東京都品川区］

「朝鮮人を殺せ」

> 品川警察署は数千の群衆に取り囲まれていました。彼らは私たちを見るや、オオカミの群れのように襲いかかってきました。そのときの恐怖は言葉や文章では表すことができません
>
> 全錫弼◉

9月2日未明、全錫弼《チョン・ソクピル》たちがようやくたどり着いたとき、品川警察署（現在の南品川1丁目）は、二重三重に群衆に取り囲まれていた。

全は、12人の同胞とともに飯場で暮らし、大井町のガス管敷設工事の現場で働く労働者だった。地震が発生した9月1日の夕方、大井町では往来に日本刀や

◉朝鮮大学校『関東大震災における朝鮮人虐殺の真相と実態』

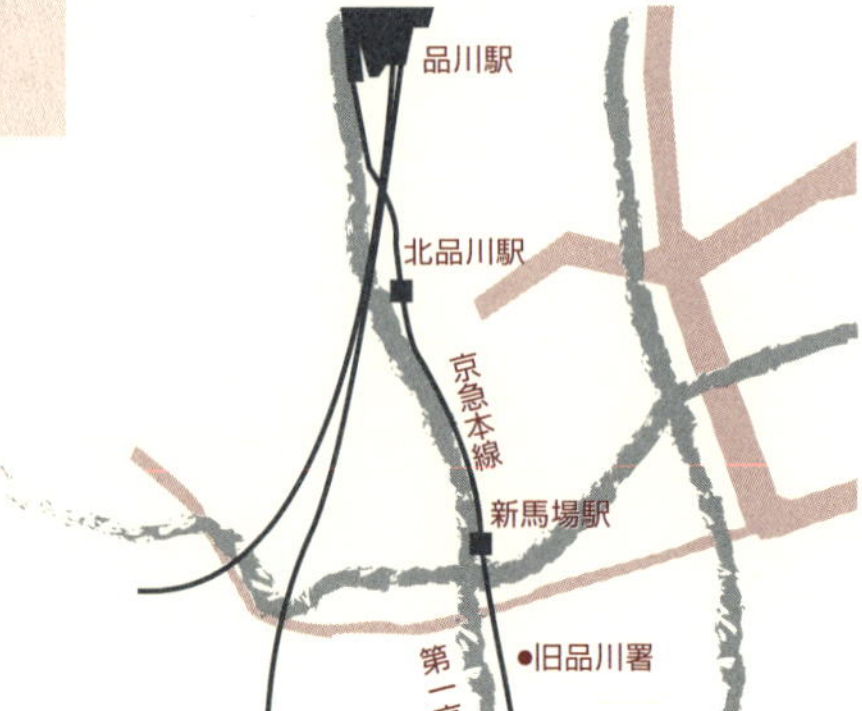

鳶口《とびぐち》◉、ノコギリなどを持った人々が早くも現れ、「朝鮮人を殺せ」と叫び始めた。

「私には何の理由で殺されなければならないのか、さっぱり見当がつきません。はじめのうちは、そんな馬鹿なことが…と信用しませんでした。ところが、外をのぞいてみると、道の両側に武装した人が要所要所を固めるように立っていました」

そのうちに親しい日本人たちが血相を変えて飛び込んで来る。大変なことになっている、外に出たら殺されるぞ、私たちがなんとかするからじっとしていてくれ。

夜遅く、警官と兵士、近所の日本人たち15、6人がやってきた。

「警察に行こう。そうしなければお前たちは殺される」

宿舎の戸を釘付けして、全を含む朝鮮人労働者たちは品川署に向かった。前後を警官と兵士、横を近所の人たちが固めて歩く。

大通りに出ると、地域の自警団が喚声をあげて襲いかかってきた。

「この連中は悪いことをしてはいない、善良な人たちだから手を出さないでくれ」と周囲を固める近所の人たちは叫び続けるが、その隙間から次々と竹やりが突き込まれ、頭を叩かれる。

「襲われた回数は思い出せないほど多数にのぼりました」

大井町から南品川の品川署にたどり着くのに数時間かかった。そこもまた、殺気立った人々の群れに囲まれていたのだが、そのうちに署内から警官隊が出動して全たちを救出し、署内に引き入れた。警察署を取り囲む群衆の騒ぎは朝まで続いたという。

大井町だけでなく、その周辺でこうした騒動が起きていた。『品川区史通史編』は、

◉鳶口　2$\text{ト}_{\text{ル}}^{\text{メー}}$ほどの棒にトビのくちばし状の鉄をつけた道具で、消防活動などに使った

震災翌日の２日、日本刀や鳶口で武装した自警団が各地に出現したと記している。その暴走はいくつもの惨劇を引き起こした。

大崎では、星製薬で作業員として働く金容宅《キム・ヨンテク》ほか４人が鳶口などで乱打されて重傷を負い、平塚でも１人の朝鮮人が竹ヤリや天びん棒で襲われ重傷、翌３日にも同じ場所で朝鮮人１人が重傷。品川町では地元に住む明治大学の日本人学生が朝鮮人と間違われて竹ヤリ、鳶口、日本刀で襲撃され、病院に搬送されたが結局亡くなった。

品川警察署は、ひとつのエピソードを記録している。

「（９月２日）薄暮爆弾所持の鮮人ありとて重傷を負はせ拉《ら》し来りたるを調査するに、大和煮缶詰と二瓶の麦酒を所持したるに過ぎず」

夕方、住民が連行して来た朝鮮人が持っていた「爆弾」は、調べてみると缶詰とビールだったというのである。同署とその大崎分署は、合わせて１３０人前後の朝鮮人を保護したという。

当時、ダムなどの建設労働に従事するために、多くの朝鮮人が日本に渡ってきていた。大韓帝国が日本に併合されたのは震災の13年前、１９１０年のことだ。この韓国併合後、朝鮮総督府の「土地調査事業」によって多くの零細農民が耕作地を奪われ、小作農に転落した。一方でこの時期は、第一次世界大戦にともなう好景気によって日本国内では労働力が不足していた。

こうして、仕事を求めて多くの朝鮮人が日本に渡り、女工や建設労働者として働くようになる。内務省の統計によれば、１９１１年の在日朝鮮人人口は約２５００

人ほどであったが、震災があった23年には8万人を超えた。実数はもっと多いと見られている。

震災の時点で、そのほとんどは日本に来て2~3年以内という人々であった。山口県警による1925年の調査では、釜山から下関に到着したばかりの朝鮮人の42%が、日本語がまったくわからなかったという。韓服姿であればもちろんだが、そうでなくても、朝鮮人かどうかはおぼつかない日本語によって判断することができただろう。

こうして、自警団が通行人を捕まえては「バビブベボと言ってみろ」「15円50銭と言ってみろ」と、朝鮮人には発音が難しい言葉を言わせ、詰問する光景が各地で繰り広げられることになる。

品川がとくにひどい状況だったわけではない。同じ頃、同様の出来事は各地で起こっていたし、もっとひどいことになっている地域もあった。たとえば荒川にかかる旧四ツ木橋周辺である。

当時、品川警察署があった付近。今は移転している

1923年　9月2日　日曜日　午前5時
荒川・旧四ツ木橋付近［東京都葛飾区・墨田区］

薪《たきぎ》の山のように

（9月1日）午前10時ごろすごい雨が降って、あと2分で12時になるというとき、グラグラときた。「これ何だ、これ何だ」と騒いだ。くに（故国）には地震がないからわからないんだよ。それで家は危ないからと荒川土手に行くと、もう人はいっぱいいた。火が燃えてくるから四ツ木橋を渡って1日の晩は同胞14名でかたまっておった。女の人も2人いた。

そこへ消防団が4人来て、縄で俺たちをじゅずつなぎに結わえて言うのよ。「俺たちは行くけど縄を切ったら殺す」って。じっとしていたら夜8時ごろ、向かいの荒川駅（現・八広駅）のほうの土手が騒がしい。まさかそ

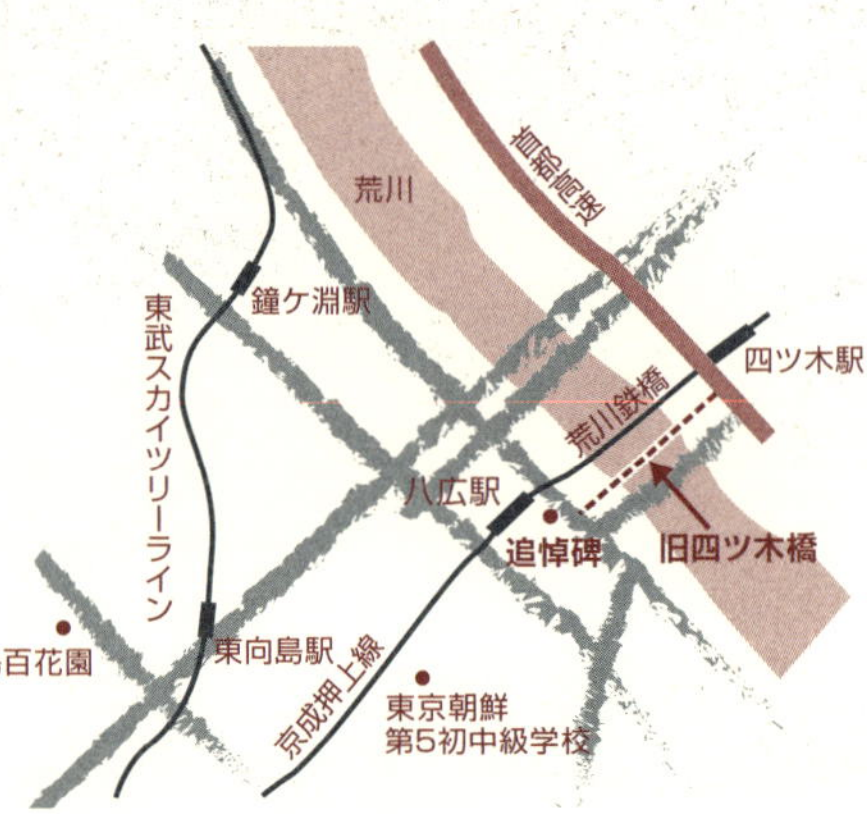

れが朝鮮人を殺しているのだとは思いもしなかった。
翌朝の5時ごろ、また消防が4人来て、寺島警察に行くために四ッ木橋を渡った。そこへ3人連れてこられて、その3人が普通の人に袋だたきにされて殺されているのを、私たちは横目にして橋を渡ったのよ。そのとき、俺の足にもトビが打ちこまれたのよ。
橋は死体でいっぱいだった。土手にも、薪の山があるようにあちこち死体が積んであった。

曺仁承◉

曺仁承《チョ・インスン》は当時22、3歳。この年の正月に釜山から来日し、大阪などを経て東京に来てから一カ月も経っていなかった。

9月1日の夕方以降、大火に見舞われた都心方面から多くの人が続々と荒川放水路の土手に押し寄せた。小松川警察署はその数を「約15万人」と伝えている。土手は人でいっぱいだった。曺と知人たちもまた、「家のないところなら火事の心配もないだろう」と、釜や米を抱えて荒川まで来たのである。闇の中でも、都心方向の空は不気味な赤い炎に照らされていた。

曺らが消防団に取り囲まれたのは夜10時ごろ。消防団のほか、青年団や中学生までが加わって彼らの身体検査を始め、「小刀ひとつでも出てきたら殺すぞ」と脅

◉関東大震災時に虐殺された朝鮮人の遺骨を発掘し追悼する会編『風よ鳳仙花の歌をはこべ』

かされた。何も出てこなかったので、消防団は彼らを縄で縛り、朝になってから寺島警察署に連行したのである（P79地図参照）。

同胞たちが殺されているのを横目で見ながら曺は警察署にたどり着くが、そこでも自警団の襲撃や警官による朝鮮人の殺害を目撃し、自らも再び殺されかけた。

証言のなかで四ッ木橋とあるのは、現在の四ッ木橋や新四ッ木橋ではなく、京成電鉄押上線の鉄橋と木根川橋の間にあった旧四ッ木橋のことである。橋脚部分は鉄筋コンクリートだが本体は木造、長さ247・4メートル、幅3メートルというこの橋は、震災直後の被災地域と外とを結ぶ重要なルートとなった。

曺の証言が収められた『風よ鳳仙花の歌をはこべ』は、「関東大震災時に虐殺された朝鮮人の遺骨を発掘し追悼する会」（以下、「追悼する会」）がまとめた本で、下町を中心に、朝鮮人虐殺の証言を数多く掲載している。

そのなかには、避難民でごった返した旧四ッ木橋周辺を中心に、1日の夜、早くも多くの朝鮮人が殺害されていたとする住民の証言もある。鉄砲や刀で2、30人は殺されたという。旧四ッ木橋ではその後の数日間、朝鮮人虐殺がくり返されることとなる。

旧四ツ木橋

1923年 9月2日 日曜日 昼
神楽坂下［東京都新宿区］

神楽坂、白昼の凶行

ともかく、神楽坂警察署の前あたりは、ただごととは思えない人だかりであった。自動車も一時動かなくなってしまったので、わたくしは車から下りて、その人だかりの方に近よって行った。群集の肩ごしにのぞきこむと、人だかりの中心に二人の人間がいて、腕をつかまれてもみくしゃにされながら、警察の方へ押しこくられているのだ。（中略）

突然、トビ口を持った男が、トビ口を高く振りあげるや否や、力まかせに、つかまった二人のうち、一歩おくれていた方の男の頭めがけて振りおろしかけた。わたくしは、あっと呼吸をのんだ。ゴツンとにぶい音がして、なぐられた男は、よろよろと倒れかかった。ミネ打ちどころか、まともに刃

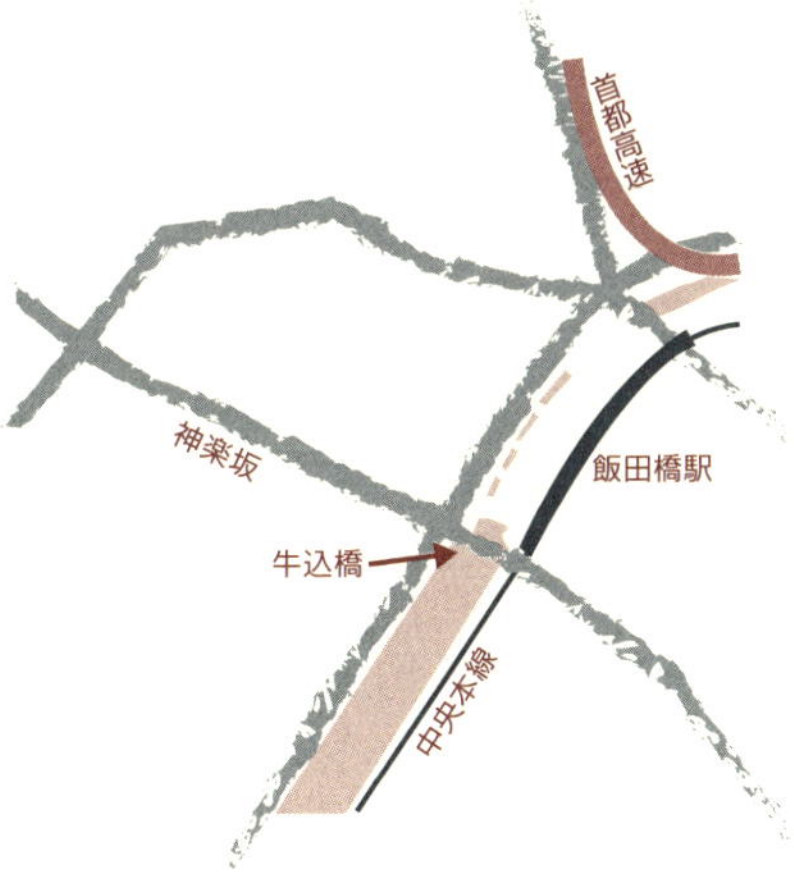

先を頭に振りおろしたのである。ズブリと刃先が突きささったようで、わたくしはその音を聞くと思わず声をあげて、目をつぶってしまった。
ふしぎなことに、その兇悪な犯行に対して、だれもとめようとしないのだ。そして、まともにトビ口を受けたその男を、かつぐようにして、今度は急に足が早くなり、警察の門内に押し入れると、大ぜいの人間がますます狂乱状態になって、ぐったりした男をなぐる、ける、大あばれをしながら警察の玄関の中に投げ入れた。（中略）
人もまばらになった警察の黒い板塀に、大きなはり紙がしてあった。それには、警察署の名でれいれいと目下東京市内の混乱につけこんで「不逞鮮人」の一派がいたるところで暴動を起こそうとしている模様だから、市民は厳重に警戒せよ、と書いてあった。トビ口をまともに頭にうけて殺されたか、重傷を負ったかしたにちがいないあの男は、朝鮮人だったのだな、とはじめてわかった。

中島健蔵◉

文芸評論家の中島健蔵《なかじまけんぞう》［1903〜1979］による回想。当時、彼は20歳で、旧制松本高等学校の学生だった。被害のなかった駒沢の自宅から、親類の安否確認のために車で小石川に向かう途中、この出来事に出会う。神楽坂署は、現在の神楽

◉中島健蔵『昭和時代』岩波新書

坂下、牛込橋のたもとにあった。

中島は「トビ口が朝鮮人らしい男の頭に振りおろされた瞬間、わたくしは、あやうく、もどしそうになった」という。突然のショッキングな光景にパニックを起こした中島の一行はあわてて車に戻り、猛烈な勢いでその場を立ち去った。西大久保の親友の家に立ち寄ると、そこはまだ平和そのものの雰囲気で、彼が神楽坂で見た光景を訴えても、友人たちは誰も本気にせず、笑って取り合わなかった。

だがその日の夕方には、「『不逞鮮人』さわぎ」は彼の住む駒沢まで波及してくる。半鐘が打ち鳴らされ、「朝鮮人が爆弾を持って襲ってくる！」という大声が響く。村会の指示で自警団が組織され、彼もまた短刀をもって動員された。

「やがて世田谷の方から、一台の軍用トラックがゆっくりと動いてきた。本物の軍隊の出動である。そのトラックを囲むようにして、着剣した兵士が、重々しく走ってくる。これでもう疑う余地がなくなってしまった。今にも銃声が起り、爆音がとどろきそうであった。そのころには、東京中が、恐慌状態になっていたのである」

警視庁などの要請を受けて、軍は1日より展開を始めていたが、2日の夕方（4時、あるいは6時）、東京市と府下五郡に戒厳令が布かれると、本格的に各地に展開し始めた（戒厳令は翌3日には神奈川、4日には埼玉・千葉に拡大）。

流言の拡大には、これを事実と誤認した各地の警察の果たした役割も大きかった。警察官がメガホンを手に「朝鮮人の襲来」を告げる光景もしばしば見られた。そして戒厳令に基づく軍の出動は、人々に「朝鮮人暴動」の実在を確信させることになった。この日から猛烈な勢いで各地に自警団が誕生する。その数は東京府内だけで1000以上。街角で道行く人を誰何《すいか》しては、朝鮮人の疑いがある者は殴ったり殺したり、よくて警察に突き出したのだった。

1923年9月2日 日曜日 午後
警視庁［東京都千代田区］

警察がデマを信じるとき

朝鮮人来襲の虚報には警視庁も失敗しました。大地震の大災害で人心が非常な不安に陥り、いわゆる疑心暗鬼を生じまして一日夜ごろから朝鮮人が不逞の計画をしておるとの風評が伝えられ淀橋、中野、寺島などの各警察署から朝鮮人の爆弾計画せるものまたは井戸に毒薬を投入せるものを検挙せりと報告し2、3時間後には何れも確証なしと報告しましたが、2日午後2時ごろ富坂警察署からまたもや不穏鮮人検挙の報告がありましたから念のため私自身が直接取調べたいと考え直ちに同署へ赴きました。（中略）折から警視庁より不逞鮮人の一団が神奈川県川崎方面より来襲しつつあるから至急帰庁せよとの伝令が来まして急ぎ帰りますれば警視庁前は物々

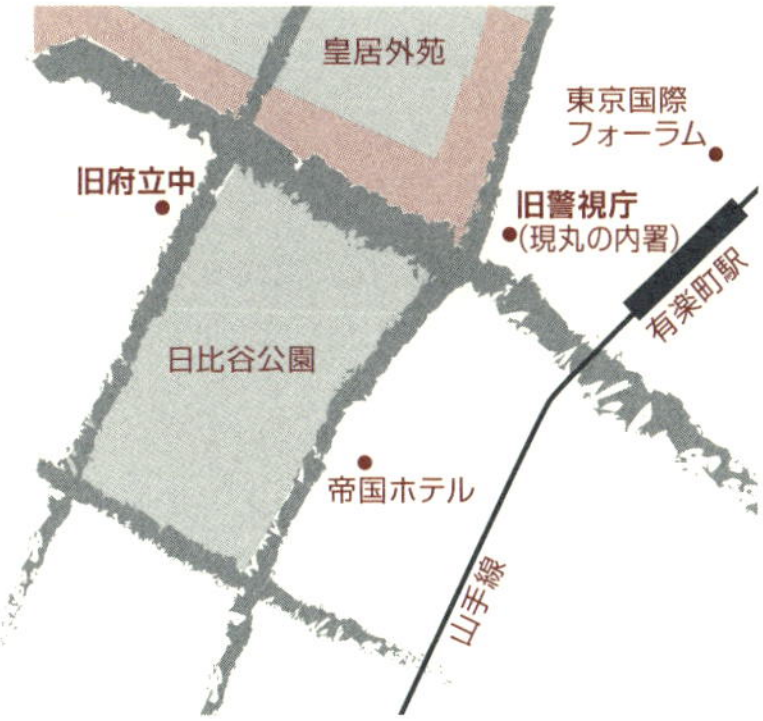

しく警戒線を張っておりましたので、私はさては朝鮮人騒ぎは事実であるかと信ずるに至りました。（中略）
　しかるに鮮人がその後なかなか東京へ来襲しないので不思議に思うておるうちようやく夜の10時ごろに至ってその来襲は虚報なることが判明いたしました。この馬鹿々々しき事件の原因については種々取沙汰されておりますが、要するに人心が異常なる衝撃をうけて錯覚を起し、電信電話が不通のため、通信連絡を欠き、いわゆる一犬虚に吠えて万犬実を伝うるに至ったものと思います。警視庁当局として誠に面目なき次第であります（後略）

正力松太郎◉

正力松太郎《しょうりきまつたろう》［1885〜1969］は、当時弱小だった読売新聞を後に買い取って大新聞に育てた「読売中興の祖」だが、この当時は警視庁で官房主事という地位にあった。これは特高警察（今で言う公安警察）のトップであり、警視総監に次ぐナンバー2である。社会運動の取り締まりだけでなく、政界の裏の動きについての情報まで入ってくるポストであった。

　1日の震災発生直後、警視庁は炎に包まれた。正力は現場指揮を取って重要書類だけはなんとか運び出し、午後には日比谷公園隣の府立中学校校舎を仮庁舎として

◉正力松太郎「米騒動や大震災の思い出」読売新聞社1944年2月。『悪戦苦闘』収録

移転させることができた。だが、電信電話による通信網は途絶し、各地の警察署との連絡は自転車など人力に頼らなければならない状況となっていた。

そうしたなか、各地の警察署から次々に上がってくるのは、朝鮮人による「爆弾計画」「井戸への投毒」という報告であった。情報が隔絶し、避難民が管内を津波のように大移動するなか、現場の警官たちは流言の渦に飲み込まれていったのである。

画家の伴敏子［1907〜1993］は1日夜、巡査が「朝鮮人が暴動を起こして井戸に毒を投げる」と触れ回るのを目撃している。

翌日にはこうした傾向はさらに拡大し、警官たちは各地でメガホンを手に朝鮮人暴徒への警戒を叫んでいた。警察ではいっさい記録を残していないが、目撃証言の多さや、その後の新聞や知識人の告発などを見ると、至るところでそうしたことがあったようである。巡査が自警団と一緒になって朝鮮人を追いかけるといった事態さえあったようだ。

現場から上がってくる「朝鮮人暴動」の報告を最初は疑っていた正力たち警視庁幹部も、あまりにも多くの報告に翻弄されて、次第に流言を信じるに至る。

正力は、「特高の親玉」と恐れられていた。張りめぐらせた情報網によって「敵」の中心を探り出し、それを一気呵成に叩くのが彼のスタイルであった。1918年の米騒動では中心人物に突撃してあっという間に群衆から切り離して鎮圧し、この年の6月にはひそかに結成されていた共産党を摘発。幹部を一網打尽にしていた。ところが今、通信網が崩壊する一方で膨大な人々が動き、無数の未確認情報が洪水のように流れ込んでくるなかで、彼はそれに振り回されていた。

恐慌をきたした彼は、ついに「朝鮮人暴動」鎮圧のために動き出す。デモや集会を取り締まり、朝鮮人学生のひそかな独立運動に目を光らせてきた彼には、朝鮮人暴動はおおいにありうるような気がしたのだろう。首都を防衛する第1師団司令部に赴き、軍もまた朝鮮人暴動を信じていることを確認すると、軍人たちに「こうなったらやりましょう！」と腕まくりをして叫び、警視庁に駆けつけた新聞記者たちには「朝鮮人が謀反《むほん》を起こしているといううわさがあるから触れ回ってくれ」と要請する。

2日午後5時ごろ、警視庁は各警察署に向けて号令を発する。

「災害時に乗じ放火其他狂暴なる行動に出つるもの無きを保せず、現に淀橋、大塚等に於て検挙したる向あり。就ては此際之等不逞者に対する取締を厳にして警戒上違算《いさん》なきを期せらるべし」

流言はこうして、警視庁のお墨付きを得てしまった。

オートバイや自転車に乗った巡査たちが「女子どもは危険だから避難せよ」と宣伝して回る。猿江裏町（現江東区猿江）住民で青年団員だった高梨輝憲は3日、「今日不逞鮮人が京浜方面から押し寄せてくるという情報が入っているから、団員に連絡をとって警備にあたるよう手配してくれ」と巡査に頼まれたことを手記に書き残している。巡査は「警察の上部からの情報だ」と言ったという。正力ら幹部の恐慌が、各地の警察署に還流していったのだ。

言うまでもなく、普通の人にとって制服を着た警官はもっとも信頼できる情報源だろう。そしてまたやっかいなことに、警察は情報を各地に拡散する組織網を持っている。正力は他人事のような口ぶりだが、「朝鮮人暴動」の流言があれほどまでに広がっていった責任の大きな部分が警察にあることは明らかだ。

「失敗した」のは警視庁だけではなかった。全国の警察を所管する内務省の後藤文夫警保局長も2日、「朝鮮人が各地で放火しているので厳しく取り締まってほしい」という趣旨の通牒を発している。この通牒は伝令によって船橋海軍無線送信所まで運ばれ、翌3日、全国の地方長官に向けて打電された。こうして、行政の通信網を通じて、流言は〝事実〟となり、被災地の外まで拡大していった。

2日夕方の戒厳令は、このように行政自身の事実認識が混乱するただなかで施行された。そして軍部隊もまた、朝鮮人暴動の鎮圧を命じられて出動し、各地に派遣され、その過程で多くの朝鮮人を殺害した。その全貌はいまだ明らかではない。だが、いったんは流言にお墨付きを与えた警視庁も、2日夜、あるいは翌3日には朝鮮人暴動の実在を疑い始める。いくら調べても流言を裏づけるものが何も出てこないのだから当然だ。

警視庁は軌道修正を始める。3日には「昨日来一部不逞鮮人の妄動ありたるも、今や厳重なる警戒に依り其跡を絶ち鮮人の大部分は順良にして何等凶行を演ずる者無之に付濫《みだ》りに之を迫害し、暴行を加ふる等無之様《これなきよう》注意せられ度《たし》」と書いたビラを配布した。だが文面を読めば分かるように、暴動をいまだ完全に否定しきれないあいまいな内容で、各地の虐殺を食い止める力にはなりえなかった。軍、警察、自警団の暴走はまだ続くことになる。

1923年

9月2日　日曜日　午後2時

亀戸駅付近［東京都江東区］

騒擾《そうじょう》の街

そして「敵は帝都にあり」というわけで、実弾と銃剣をふるって侵入したのであるから仲々すさまじかったわけである。ぼくがいた習志野騎兵連隊が出動したのは9月2日の時刻にして正午少し前であったろうか。とにかく恐ろしく急であった。（中略）

2日分の糧食および馬糧、予備蹄鉄まで携行、実弾は60発。将校は自宅から取り寄せた真刀で指揮命令をしたのであるからさながら戦争気分！。そして何が何やら分からぬままに疾風のように兵営を後にして、千葉街道を一路砂塵をあげてぶっ続けに飛ばしたのである。

亀戸に到着したのが午後の2時頃だったが、罹災民でハンランする洪水

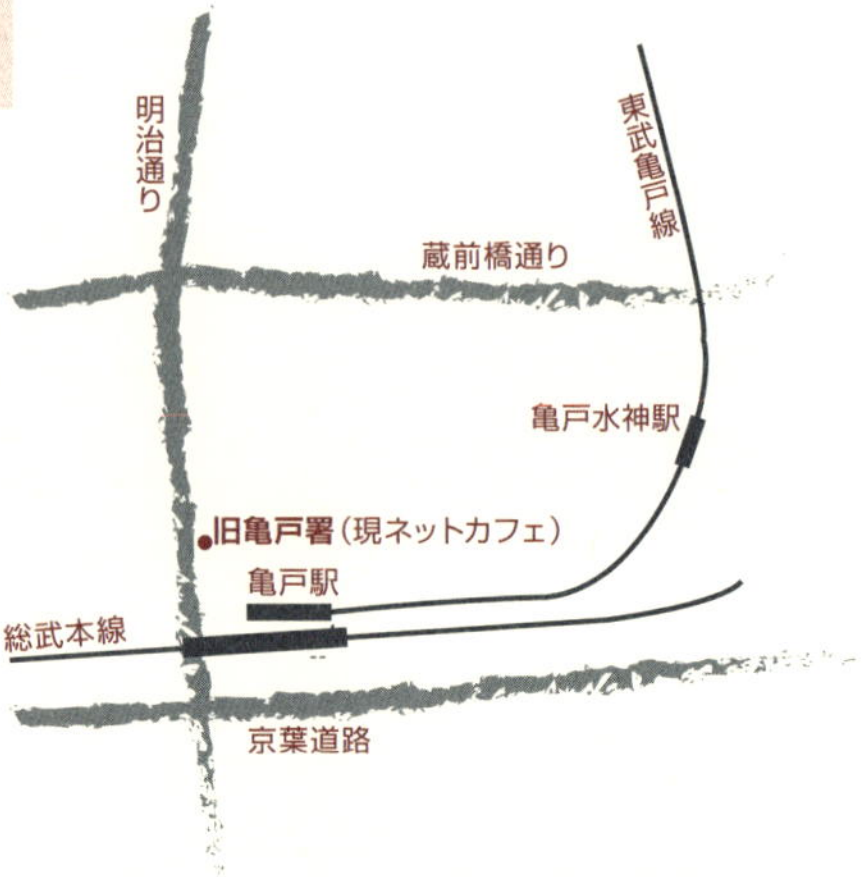

のようであった。連隊は行動の手始めとして先ず、列車改め、というのをやった。将校は抜剣して列車の内外を調べ回った。どの列車も超満員で、機関車に積まれてある石炭の上まで蝿のように群がりたかっていたが、その中にまじっている朝鮮人はみなひきずり下ろされた。そして直ちに白刃と銃剣下に次々と倒れていった。日本人避難民のなかからは嵐のように沸きおこる万歳歓呼の声——国賊！朝鮮人は皆殺しにしろ！

ぼくたちの連隊はこれを劈頭《へきとう》の血祭りにし、その日の夕方から夜にかけて本格的な朝鮮人狩りをやり出した。

越中谷利一◉

越中谷利一《えっちゅうやりいち》［1901～1970］は秋田県に生まれ、21年に習志野の騎兵連隊に入隊。関東大震災の出動時に上官に反抗的な態度をとったため、直後に除隊させられたという。のちにプロレタリア作家となる。引用した「関東大震災の思い出」は戦後に書かれたものだ。

軍の記録によると、習志野の騎兵13連隊と同14連隊380人は、2日午前9時に徒歩編成で出発し、午後1時に亀戸に到着している。この時期、軍は「朝鮮人暴動」を事実と考え、各地で幻の朝鮮人暴徒を求めて走り回っていた。記録には「避難民の収容」や「電話線の架設」といった行動に混じって、「不逞の輩を掃蕩」「鮮

◉越中谷利一「関東大震災の思い出」（関東大震災五十周年朝鮮人犠牲者追悼行事実行委員会編『歴史の真実　関東大震災と朝鮮人虐殺』収録）

人を鎮圧」といった文字が見られる。◉

本所や深川を全焼させた火災は、亀戸の西を南北に走る横十間川で止まった。焼失をまぬがれた亀戸駅周辺は避難民であふれかえった。そうしたなかで、「不逞鮮

北口側から亀戸駅を望む

◉「近衛・第一両師団の行動」（『現代史資料6 関東大震災と朝鮮人』収録）

人」が襲ってくるという流言が広がり、街の随所で騒ぎが起きていた。

「殆んど狂的に昂奮せる住民は良否の区別なく鮮人に対し暴行するのみならず、或《あるい》は警鐘を乱打し或は小銃を発射するものあり」●

亀戸駅内も「秩序全く乱れ、悲鳴喚叫修羅場の如し」であった。2日夜に亀戸に到着した騎兵13連隊の機関銃隊は喚声のする場所から場所へと走り回り、翌日朝まで一睡もできなかった。

先に紹介した『風よ鳳仙花の歌をはこべ』には、亀戸で青年団の役員をしていた岡村金三郎（当時21歳）の話が出てくる。岡村は9月2日、「一般の者も刀や鉄砲を持て」と軍に命令されたという。

「それでみんな家にある先祖伝来の刀や猟銃を持って朝鮮人を殺《や》った。それはもうひどいもんですよ。十間川にとびこんだ朝鮮人は猟銃で撃たれました。2日か3日の晩は大変だったんですよ」

上海に拠点を置く朝鮮独立運動機関紙の「独立新聞」特派員による調査でも、亀戸周辺は状況がもっともひどかった場所のひとつにあげられている。ただ、軍が直接手を下した虐殺については、亀戸駅構内で騎兵連隊が1人を刺殺したという公式記録と、同じく駅構内で憲兵が1人を射殺したのを目撃したという証言しか残っていない。

しかし同書は「この時点では軍隊、警察も朝鮮人暴動の流言を信じこんでいた。9月2日の夜に朝鮮人を殺傷したのが一般の民衆だけだったとは考えにくい」と指摘している。

● 「騎兵第十三連隊機関銃隊　陸軍騎兵大尉　岩田文三外五十二名」勲功具状（『現代史資料6』収録）

1923年　9月2日　日曜日　午後8時
千歳烏山［東京都世田谷区］

椎の木は誰のために

「東京日日新聞」 1923年10月21日付

烏山《からすやま》の惨行

9月2日午後8時頃、北多摩郡千歳村字烏山地先甲州街道を新宿方面に向かって疾走する一台の貨物自動車があって、折から同村へ世田ヶ谷方面から暴徒来襲すと伝えたので、同村青年団、在郷軍人団、消防隊は手に手に竹やり、棍棒、トビ口、刀などをかつぎ出して村の要所要所を厳重に警戒した。

この自動車もたちまち警戒団の取締りを受けたが、車内に米俵、土工（土木工事）用具などとともに内地人（日本人）1名に伴われた鮮人17名がひそん

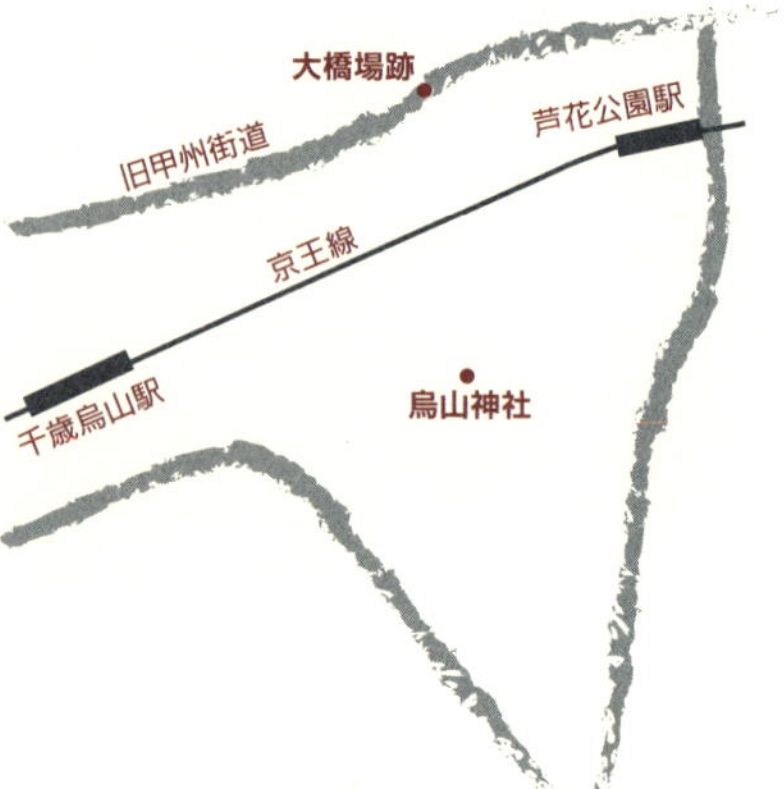

でいた。これは北多摩郡府中町字下河原の土工親方、二階堂左次郎方に止宿して労働に従事していた鮮人で、この日、京王電気会社から二階堂方へ「土工を派遣されたい」との依頼があり、それにおもむく途中であった。

朝鮮人と見るや、警戒団の約20名ばかりは自動車を取り巻き二、三、押し問答をしたが、そのうち誰ともなく雪崩《なだ》れるように手にする凶器を振りかざして打ってかかり、逃走した2名を除く15名の鮮人に重軽傷を負わせ、ひるむと見るや手足を縛して路傍の空き地へ投げ出してかえりみるものもなかった。

時を経てこれを知った駐在巡査は府中署に急報し、本署から係官が急行して被害者に手当てを加えるとともに、一方で加害者の取調べに着手したが、被害者中の1名は翌3日朝、ついに絶命した。(中略)

加害者の警戒団に対しては10月4日から大々的に取調べを開始した。18日までに喚問した村民は50余名におよび、なお目下引き続き署長自ら厳重取調べ中である。◉

朝鮮人労働者たちは、京王電鉄笹塚車庫の修理のために向かっている途中だった。命を落としたのは洪其白《ホン・ギベク》、35歳。ほかに3人が病院に送られた。

震災後、旧甲州街道では都心から脱出して西へ向かう避難民の列がえんえんと続

◉ 一部の漢字をかなに開き、句読点を打った。

いていた。力尽きて路上に倒れる人もいたという。そうしたなか、夜ふけの道を反対に都心へと走るトラックを見たとき、自警団の人々はさぞ怪しいと決めつけたに違いない。暴行の現場となったのは、甲州街道を横切る烏山川にかけられた、「大橋場」と呼ばれた石橋であった。烏山川は現在は暗渠となっている。バス停「烏山下宿」のすぐ左わきである。そのななめ右向かいに「武州烏山村大橋場の跡」という碑が立っている。

当時、震災によって石橋は一部が崩れていた。朝鮮人労働者を乗せたトラックはこの崩落部分に車輪がはまって動けなくなったところを、自警団に包囲されたのである。10月に入り、各地で自警団による朝鮮人殺害事件が立件されると、烏山村にも検事が入り、50人以上が取調べを受ける。12人（13人という資料もある）が殺人罪で起訴されるが、そのなかには大学で英語学を教える教授もいた。

実は、本書のもととなったブログ記事を書くとき、私はこの事件の死者数がはっきりしないことで困っていた。この東京日日新聞の記事は、朝鮮人虐殺の問題では基礎資料と言える『現代史資料6　関東大震災と朝鮮人』に全文が掲載されていたのだが、そこでは死者数について「被害者中の一同」とあったのだ。これは日本語として妙な表現である。「1名」の誤植ではないか。だが、いくつかの資料とつき合わせても、確かな答えが分からない。

そのとき、図書館で偶然に手に取った世田谷区発行の『世田谷、町村のおいたち』（1982年刊行）のなかに、事件について触れた箇所を発見したのである。それは、近所（粕谷）に住んでいた徳富蘆花《とくとみろか》［1868〜1927］が随筆『みみずのたはこと』

のなかで事件に言及していることを紹介したうえで、こう結んでいた。

「今も烏山神社（南烏山2丁目）に13本の椎《しい》の木が粛然とたっていますが、これは殺された朝鮮の人13人の霊をとむらって地元の人びとが植えたものです」

烏山神社は、現在大橋場跡の碑が立つ小道を南にまっすぐ下ったところにある。当時は村の鎮守であった。

私はこの記述によって死者数の問題が解決されたと考え、ブログに「13名が殺された」と書いた。

さらに、朝鮮人犠牲者の霊をとむらうために椎の木を植えたという話に私は強い印象を受けた。正直に言えば、少しほっとしたのである。ブログ記事のタイトルにも「13本の椎の木」を選んだ。

その後、荒川の河川敷で慰霊式典を続けている「関東大震災時に虐殺された朝鮮人の遺骨を発掘し追悼する会」の方から、会でまとめた資料集をいただいた。そのなかに烏山事件を報道した東京日日新聞の府下版の記事が掲載されていたのだが、そこには烏山事件のすべての被害者の名前が列挙されていた。そして、それによれば死者は洪其白1人となっていたのである。

「追悼する会」に確認したところ、新聞によって幅はあるが、おそらく「1人」が正しいだろうとの答えをいただいた（死者3人とする新聞もあり、入院した3人のうち2人が亡くなった可能性もある）。

だがそうなると新たな疑問がわいてくる。烏山神社の椎の木は、いったい何の目的で植えられたのか。

この疑問を率直にぶつけると、「追悼する会」の方から、今度は1987年に発行された『大橋場の跡　石柱碑建立記念の栞』を送っていただいた。「編者は世田谷区の文化財保護委員や調査員などをやった方で、事件の地元の人です。椎の木は誰のために植えられたのかについて今の時点ではこれ以上に信頼のおけるものは見ていません」というメッセージが添えられていた。

そこには、1923年9月2日、大橋場で起きたことが、古老からの聞き取りをもとに詳しく書かれていた。烏山神社の椎の木については次のように説明されている。

「このとき（12人が起訴されたとき）千歳村連合議会では、この事件はひとり烏山村の不幸ではなく、千歳連合村全体の不幸だ、として12人にあたたかい援助の手をさしのべている。千歳村地域とはこのように郷土愛が強く美しく優さしい人々の集合体なのである。私は至上の喜びを禁じ得ない。そして12人は晴れて郷土にもどり関係者一同で烏山神社の境内に椎の木12本を記念として植樹した。今なお数本が現存しまもなく70年をむかえようとしている」「日本刀が、竹槍が、どこの誰がどうしたなど絶対に問うてはならない、すべては未曾有の大震災と行政の不行届と情報の不十分さがおおきく作用したことは厳粛な事実だ」

この一文から分かるのは、椎の木が朝鮮人犠牲者の供養のためではなく、被告の苦労をねぎらうために植えられた可能性が濃厚であるということだ。何とも苦い真相だった。

この文章には、殺された朝鮮人への同情の言葉も盛り込まれてはいるが、それ以上に殺人罪で起訴された被告たちの「ご苦労」への同情が強調されている。そこにはまるで、1923年9月の気分がそのまま封じ込められているようで、リアルだ。

烏山神社には、当時植えられた椎の木のうち4本が残り、参道の両側に高くそびえている。90年前、この街で惨劇があった。沈黙のうちに閉じ込められた様々な思いが、確かにそこに存在していた。

烏山神社。正面の鳥居をくぐった参道の両側に椎の木4本が今も残る

1923年　9月
旧四ッ木橋付近［東京都葛飾区・墨田区］

「何もしていない」と泣いていた

曺仁承《チョ・インスン》は、1923年9月2日午前5時、旧四ッ木橋の周辺で薪の山のように積まれた死体を目撃したが、この付近ではその後も数日間、朝鮮人虐殺が繰り返された。『風よ鳳仙花の歌をはこべ』には、80年代にこの付近で地元のお年寄りから聞き取った証言が数多く紹介されている。「追悼する会」が、毎週日曜日に手分けして地域のお年寄りの家をまわり、100人以上に聞き取りを行った成果であった。調査の時点で震災から60年が経っていることを思えば、最後の機会を捉えた本当に貴重なものだ。

ただ、60年という歳月のため、日にちや時間などははっきりしないものが多い。また、実名で証言することに二の足を踏む人は、仮名での証言になっている。同書から、9月1日から数日間の旧四ッ木橋周辺の凄惨な状況を伝えるものとして貴重な証言をいくつか紹介する。

「四ッ木の橋のむこう（葛飾側）から血だらけの人を結わえて連れてきた。それを横から切って下に落とした。旧四ッ木橋の少し下手に穴を掘って投げ込むんだ。（中略）雨が降っているときだった。四ッ木の連中がこっちの方に捨てにきた。連れてきて切りつけ、土手下に細長く掘った穴に蹴とばして入れて埋めた」（永井仁三郎）

「京成荒川駅（現・八広駅）の南側に温泉池という大きな池がありました。泳いだりできる池でした。追い出された朝鮮人7、8人がそこへ逃げこんだので、自警団の人は猟銃をもち出して撃ったんですよ。むこうに行けばむこうから、こっちに来ればこっちから撃ちして、とうとう撃ち殺してしまいましたよ」（井伊〈仮名〉）

「たしか三日の昼だったね。荒川の四ッ木橋の下手に、朝鮮人を何人もしばってつれて来て、自警団の人たちが殺したのは。なんとも残忍な殺し方だったね。日本刀で切ったり、竹槍で突いたり、鉄の棒で突き刺したりして殺したんです。女の人、なかにはお腹の大きい人もいましたが、突き刺して殺しました。私が見たのでは、30人ぐらい殺していたね」（青木〈仮名〉）

「（殺された朝鮮人の数は）上平井橋の下が2、3人でいまの木根川橋近くでは10人くらいだった。朝鮮人が殺されはじめたのは9月2日ぐらいからだった。そのときは『朝鮮人が井戸に毒を投げた』『婦女暴行をしている』という流言がとんだが、人心が右往左往しているときでデッチ上げかもしれないが…、わからない。気の毒なことをした。善良な朝鮮人も殺されて。その人は『何もしていない』と泣いて嘆願していた」

（池田〈仮名〉）

「警察が毒物が入っているから井戸の水は飲んではいけないと言ってきた」という証言も出てくる。

北区の岩淵水門から南に流れている現在の荒川は、治水のために掘削された放水路、人工の川である。1911年に着工し、1930年に完成したものだ。1923年の震災当時には水路は完成し、すでに通水していたが、周囲はまだ工事中で、土砂を運ぶトロッコが河川敷を走っていた。建設作業には多くの朝鮮人労働者が従事していた。彼らは、日本人の2分の1から3分の2の賃金で働いていたのだが、まさにその場所で虐殺されたのである。

9月2日から3日にかけて、軍が進駐してくると、今度は機関銃を使った軍による虐殺が始まるが、それについては後でふれる。

現在の旧四ツ木橋付近。河川敷は市民の憩いの場となっている

1923年 9月3日 月曜日 午前

上野公園［東京都台東区］

流されやすい人

私がちょうど公園の出口の広場に出た時であった。群集は棒切などを振りかざして、ケンカでもあるかのような塩梅《あんばい》である。得物を持たぬ人は道端の棒切を拾ってきて振り回している。近づいて見ると、ひとりの肥えた浴衣を着た男を大勢の人達が殺せ、と言ってなぐっているのであった。

群集の口から朝鮮人だと云う声が聞えた。巡査に渡さずになぐり殺してしまえ、という激昂した声も聞こえた。肥えた男は泣きながら何か言っている。棒は彼の頭といわず顔といわず当るのであった。

こやつが爆弾を投げたり、毒薬を井戸に投じたりするのだなと思うと、私もつい怒気があふれて来た。我々は常に鮮人だと思って、憫《あわれ》みの心で

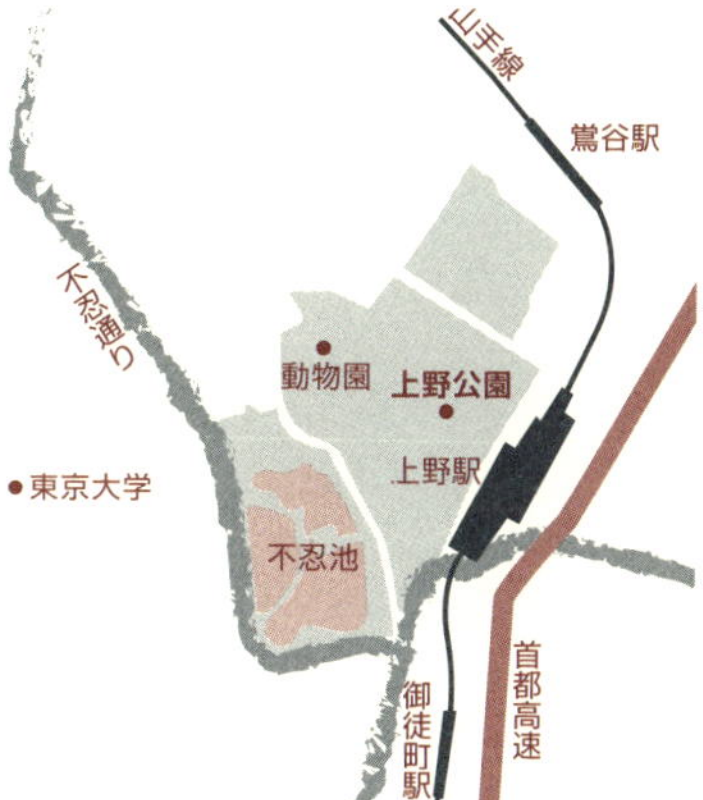

迎えているのに、この変災を機会に不逞《ふてい》のたくらみをするというのは、いわゆる人間の道をわきまえないものである。この如きはよろしくこの場合血祭りにすべきものである。巡査に引き渡さずになぐり殺せという声はこの際痛快な響きを与えた。私も握り太のステッキで一ッ喰はしてやろうと思って駆け寄っていった。

染川藍泉●

「私」（染川）はしかし、すぐに考え直して立ち止まる。神経が過敏になっていることの群衆に近づいていって、万が一自分のほうが朝鮮人に間違えられたら危ないじゃないか…。そうこう迷っている間に兵士が現れて、浴衣の男は連行されていく。

「私は自分の今のすさみ切った心に、彼奴がなぐり殺されなかったのを惜しいように思った」

染川藍泉《そめかわらんせん》は十五銀行本店の庶務課長で、震災当時43歳。典型的なエリートサラリーマンである。藍泉は俳号で、本名は春彦。震災では日暮里の自宅にも家族にも被害はなく、9月中は銀行業務の復旧のために一日も休まず精勤していた。

染川は「朝鮮人が爆弾を投げている」といった流言を最初から信じていたわけではない。むしろ、前日（2日）の昼間までは、そうした噂に振り回される「愚かな人」を軽蔑していた。

●染川藍泉『震災日誌』日本評論社。読みやすさを考慮して一部の漢字をかなに開いた

「この不意に起こった災害を、鮮人が予知することが何でできるものか」「現に火事場の爆音を聞いた私は、それが包装した樽や缶の破裂する音であるという確信を得ていた」「何も知らぬ鮮人こそよい面の皮であった」

ところがその夜、避難先の線路脇で「井戸の中に劇薬が入れてあるというから、諸君気をつけろよう」という青年団の声が闇の中に響くのを聞くうちに、不安が膨らんでくる。

「私は弾かれたように眠りから醒めた。そして考えた。これは路傍の無智な人たちのうわさではない」

「青年団が広めるからには何か証拠があってのことに違いない」

「さすれば私の宅の井戸も実に危険千万である」

こうして翌日朝、暴行される朝鮮人らしき男を目の当たりにしたとき、彼の心には「毒薬を井戸に投じたりする」朝鮮人への怒りがあふれたというわけなのである。

当時、上野公園には多くの避難民が流れ込み、混乱を極めていた。

作家の佐藤春夫《さとうはるお》［1892〜1964］も、町会で自警団として動員され、いもしない敵におびえて深夜の上野公園で右往左往した経験を記している。

染川は、上野公園の事件の後しばらくすると冷静さを取り戻し、「朝鮮人暴動」を再び否定してみせている。

「あまりに話がうがちすぎている。…うろたえるにも事を欠いて、憫《あわれ》んで善導せねばならぬ鮮人を、理非も言わせず叩き殺すということは、日本人もあまりに狭量すぎる。今少し落ち着いて考えて見て欲しいと私は思った」

染川の『震災日誌』中には、「（十五銀行）深川支店の前には鮮人が三人殺されて居った。電柱に括り付けられて日本刀で切られて居った。それは山下支店長が実際を見て来ての話であった」という記述もある。

ちなみに朝鮮独立運動団体が作成した関東大震災報告『虐殺』［1924年］に、上野公園付近での朝鮮人の被害として、「重傷3人」と記録されている。名前は「全羅南道光州郡西倉面西竜頭里　金炳権、同道長興郡　李乃善、同道光州郡　李○○（不明）」とあるが、この内のひとりが浴衣の男であったろうか。

上野公園の袴腰広場と、
そこから望む上野駅

1923年 9月3日 月曜日 午後3時

東大島［東京都江東区・江戸川区］

中国人はなぜ殺されたのか

時日：9月3日午後3時ごろ
場所：大島町8丁目
軍隊関係者：野重（野戦重砲兵）一連隊・第二中隊岩波清貞少尉以下69人及び騎兵14連隊三浦孝三少尉以下11人
兵器使用者：騎14の兵卒3人
被兵器使用者：鮮人約200人
処置：殴打
行動概況：大島町付近の人民が鮮人より危害を受けんとせる際、救援隊として野重一の二岩波少尉来着し騎14の三浦少尉とたまたま会合し共に朝鮮

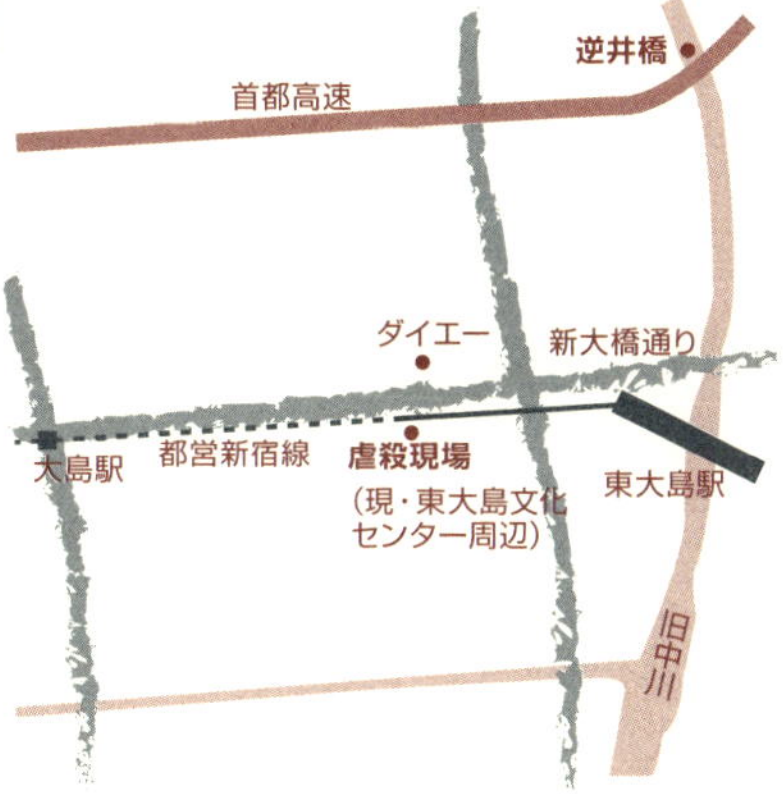

人を包囲せんとするに群衆および警官4、50名約200名の鮮人団を率ゐ来り其の始末協議中騎兵卒3名が鮮人首領3名を銃把を以て殴打せるを動機とし鮮人は群衆および警官と争闘を起し軍隊は之を防止せんとしが鮮人は全部殺害せられたり

備考：①野重一の二将校以下69名は兵器を携帯せず。②鮮人約200名は暴行強姦掠奪せりと称せられ、棍棒、鉈等の凶器を携帯せり。③本鮮人団は支那労働者なりとの説あるも、軍隊側は鮮人と確信し居たるものなり。

『関東戒厳司令部詳報』「震災警備ノ為兵器ヲ使用セル事件調査表」◉

目下東京地方にある支那人は約4500名にして内2000名は労働者なるところ、9月3日大島町7丁目に於て鮮人放火嫌疑に関連して支那人及朝鮮人300名ないし400名3回にわたり銃殺又は撲殺せられたり。第1回は同日朝、軍隊に於て青年団より引渡しを受けたる2名の支那人を銃殺し、第2回は午後1時頃軍隊及自警団（青年団及在郷軍人団等）に於て約200名を銃殺又は撲殺、第3回には午後4時頃約100名を同様殺害せり。

右支鮮人の死体は4日まで何等処理せられず、警視庁に於ては野戦重砲兵第3旅団長金子直少将及戒厳司令部参謀長に対し、右死体処理方及同地残余の200名ないし300名の支那人保護方を要請し、とりあえず鴻の

◉『関東大震災政府陸海軍関係史料2巻　陸軍関係史料』収録。原文はカタカナ、表組。読みやすさを考慮して一部の漢字を開いた。岩波、三浦両氏の名前は、田原洋『関東大震災と王希天事件』から引用

台（国府台）兵営に於て集団的保護をなす手はずとなりたり。
本事件発生の動機原因等につきては目下の所不明なるも支那人及朝鮮人にして放火等をなせる明確なる事実なく、ただ鮮人につきては爆弾所持等の事例発見せられ居るのみ。

警視庁広瀬外事課長直話（1923年9月6日）◉

「関東戒厳司令部詳報」は、関東大震災における陸軍の作戦行動の記録をまとめたもの。中国人虐殺事件を調査していたジャーナリストの田原洋が東京都公文書館で発見した。また後者の「直話」とは、臨時震災救護事務局の警備部で行われた談話形式の会合での発言記録である。これもまた戦後、アメリカが持ち去った外務省の文書から発見された。

両者は同じ事件について語っているように見える。実際には何が起こったのか。殺されたのは朝鮮人なのか、中国人なのか。

この事件については、直後から日本人、中国人による調査が進められている。さらに戦後の研究（目撃証言や軍人の聞き取りなどを含む）もあり、「何が起きたのか」自体はかなり分かっている。

現場となった南葛飾郡大島町（現・江東区）は東京市に接し、工場などで働く中国人労働者千数百人が、60数軒の宿舎に集住していた。9月3日朝、大島町8丁目

◉国立公文書館アジア歴史資料センターHP（リファレンスコードB04101332800）原文はカタカナ。読みやすさを考慮して一部の漢字を開いた

の日本人住民は今日は外に出るなと伝えられていた。伝えてまわったのは在郷軍人会か消防団のようだ。そうして朝のうちに、銃剣を構えた兵士2人が、大島町6丁目の宿舎から中国人労働者たちを引き立てて行った。その前後、8丁目の空き地で2人の労働者が射殺されている。

昼頃、今度は8丁目の中国人宿舎に軍、警察、青年団が現れ、「金をもっているやつは国に帰してやるからついてこい」と言って174人を連れ出した。ところが、近くの空き地まで来ると突然、誰かが「地震だ、伏せろ!」と叫んだ。中国人たちが地面に伏せると、今度は群衆がいっせいにこれに襲いかかったのである。

「5、6名の兵士と数名の警官と多数の民衆とは、200人ばかりの支那人を包囲し、民衆は手に手に薪割り、とび口、竹やり、日本刀等をもって、片はしから支那人を虐殺し、中川水上署の巡査の如きも民衆と共に狂人の如くなってこの虐殺に加わっていた」

付近に住む木戸四郎という人物が、事件から2カ月後の11月18日に、現地調査に来た牧師の丸山伝太郎らに語ったその時の光景である。

さらに3時ごろ、先述の岩波少尉以下69名、三浦少尉以下11人の部隊が、人々が「約200人の鮮人団を連れて来て、その始末を協議中」のところへ現れ、これをすべて殺害したのである。この「鮮人団」の正体はもちろん中国人労働者である。

8丁目の虐殺を最大として、この日、大島の各地で同様の事件が起こった。殺された中国人の数は300人以上と見られる。

8丁目の虐殺の唯一の生存者である黄子連が10月に帰国し、この事実を中国のメ

東大島文化センター。この付近から都営新宿線が地上に出るあたりの北側までが、当時は空き地であり、中国人虐殺の最大の現場となった

ディアに語った。これによりそれまで日本救援ムードが強かった中国の世論は一変。日本への抗議の声が沸騰した。郷里に帰った黄は、虐殺時に負傷した傷が化膿し、吐血するようになり、しだいに体を壊して2、3年後に亡くなった。

なぜこのような大量殺人が行われたのだろうか。震災時、朝鮮人が放火や爆弾といった流言のターゲットにされていたのに対して、中国人については流言が広がっていたという事実はない。大島町の虐殺は、朝鮮人虐殺に見られるように混乱の中で衝動的に行われた様子もなく、むしろ明らかに計画性が伺える。

関東大震災時の中国人虐殺の研究を続けた仁木ふみ子は、その背景に人夫請負人（労働ブローカー）の意図があったと推理している。第一次世界大戦に伴う好況も終わり、数年前から不況が始まっていた。日本人より2割も安い賃金で働く中国人労働者の存在は、日本人労働者にとっても、彼らを手配し、賃金をピ

当時の亀戸・大島・砂町と虐殺現場

仁木ふみ子『震災下の中国人虐殺』（青木書店）p.32の図をもとに作成

ンハネする労働ブローカーにとっても目ざわりであり、排斥の動きが起こっていた。一方、中国人を安く使っていた日本人ブローカーにとっても、後述する僑日共済会の指導によって未払い賃金の支払い要求などを起こすようになった中国人は、もはや使いにくい存在になっていた。

　警察も中国人労働者を好ましく思っていなかった。当時の大島町を管轄する亀戸署は、管内に労働争議の多発する工場を多く抱えていることから、公安的な任務を強く負った署であった。そのうえ中国人にまで労働運動を起こされてはたまらない。行政レベルでも、日本人労働者保護のためとして、中国人労働者の入国制限・国外退去などを進めつつあった。

　労働ブローカーと警察が、朝鮮人虐殺で騒然としている状況に便乗して、日本人労働者をけしかけ、さらに「朝鮮人暴徒鎮圧」の功を焦る軍部隊を引き込み、中国人追い出しというかねての悲願を実行に移したのだ――というのが仁木の見立てである。そうであるとすれば、ほかの朝鮮人虐殺とはかなり様相の異なる特殊な事件ということになりそうだ。

　だが仁木はこの虐殺に喝采する一般民衆の姿があったことを指摘する。

「これに迎合する群衆が喝采しながら無力な相手に自分も手を出している。中国服を着ている中国人を『こいつは朝鮮人だ、やっつけてしまえ』と叫ばせるものは何か。権力者へその行為を促し容認する媚《こび》とともに、典型的な異邦人排除の観念がある。これは軍人も民衆も共有している観念である。（中略）それは生命への畏敬を知らない人権感覚の欠如と同居している」と。

東大島文化センター付近

1923年　9月3日　月曜日　午後4時

永代橋付近［東京都江東区・中央区］

曖昧《あいまい》さに埋められているのは

その日は小雨が降っていた。１９２３年9月３日午後4時、永代橋付近で朝鮮人が軍と群衆によって殺害され、遺体が隅田川を流れていった。その数は「約30名」、あるいは「約32名」。

洲崎警察署より護送援助を請求せられたる特務曹長島崎儀助の命を受け巡査5名共に洲崎にて暴行せし不逞鮮人約30名を同署より日比谷警視庁に○○○（判読不能）永代橋に至りたるに橋梁焼毀《しょうき》し不通のため渡船準備中1名の鮮人逃亡を始めしを動機とし内17名、　突然隅田川に飛込みしを以て巡査の依頼に応し実包17発を河中に向て射撃す　河中に入らすして逃亡せん

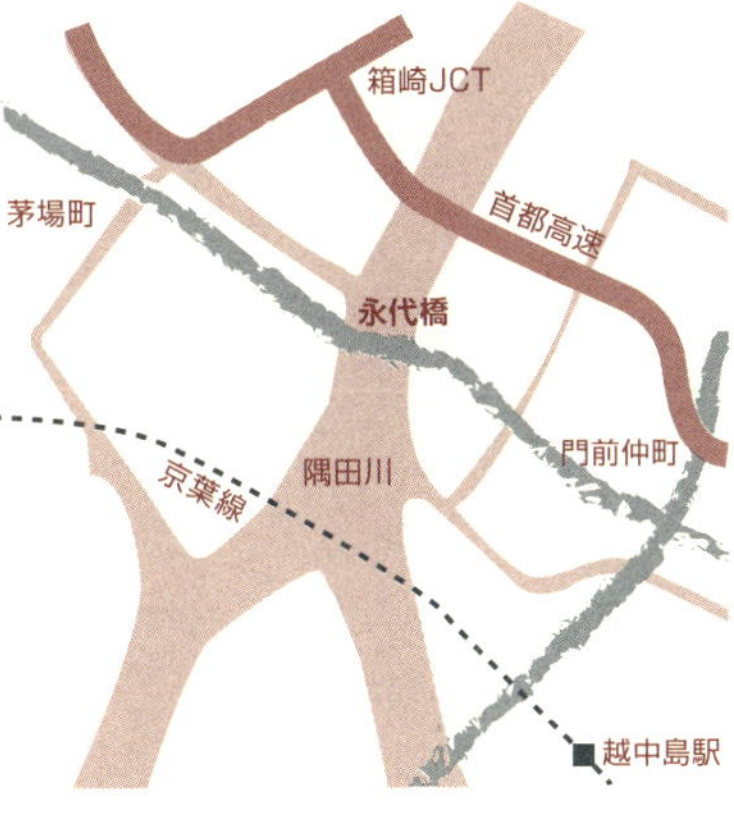

とせし者は多数の避難民及警官の為めに打殺せられたり
『関東戒厳司令部詳報』「震災警備ノ為兵器ヲ使用セル事件調査表」●

永代橋は隅田川にかかる橋で、現在の中央区と江東区の境にある。9月1日の夜、両岸の火を避けてすし詰めとなった大量の避難民を乗せたまま焼け落ちた。

その2日後、ここで朝鮮人の殺害を実行したのは野戦重砲第1連隊第2中隊の島崎特務曹長指揮下の兵士3人。「事件調査表」は、本文では連行していた朝鮮人の数を「約30名」としている。ところが被兵器使用者の欄を見ると、「約32名（内17名氏名不詳）」。人数が異なるうえに、ともに「約」という曖昧な冠が乗っている。

震災時の朝鮮人虐殺の研究では第一人者である滋賀県立大学の姜徳相《カン・ドクサン》名誉教授は、これに激しい怒りをぶつけている。

「『約32名』『30名』という人間連行はなにを意味するのか。『約』とは『およそ』『ほぼ』という、不確かなことばであるが、この曖昧のなかに2人の人の尊厳が埋められていることに気がつかねばならない。うかびあがるのは鴻毛《こうもう》の軽さともいうべき朝鮮人の命である」●●

逃亡をきっかけとした事件のように書かれているが、川に飛び込んだ17人を17発の銃弾で射殺するとはいかにも不自然である。実際には隅田川まで連行して射殺、死体処理の省略のために川に流したのだと姜は推測する。2日前の永代橋の惨劇

●
「震災警備ノ為兵器ヲ使用セル事件調査表」（『関東大震災政府陸海軍関係史料2巻　陸軍関係史料』収録）。原文はカタカナ、表組。読みやすさを考慮して一部の漢字を開いた

●●
関東大震災85周年シンポジウム実行委員会編『震災・戒厳令・虐殺』

によって、この付近には死体が無数に浮いていた。後に回収された溺死体は数百に上る。

すでに書いたように、『関東戒厳司令部詳報』は陸軍の作戦行動の記録をまとめたものである。「事件調査表」はその一部だ。そこには、戒厳軍が民間人を殺害した多くの事例が、殺害理由とともに列記されている。

「怪しき鮮人か爆弾の如きものを民家に投け…棍棒を以て殴打昏倒せしむ」「該鮮人は突然右物入より爆弾らしきものを取出し将に投擲《とうてき》せんとし危険極なかりしを以て自衛上止むを得す之を射殺せり」などなど。

だが、爆弾「らしきもの」が本当に爆弾なのかどうかを確認した形跡もないどころか、朝鮮人の死体も決まって「已《や》ムナク其儘《そのまま》放置」されている。結局、問答無用の殺害と死体遺棄を正当化するこじつけなのだろう。

「事件調査表」にまとめられた殺害事例は20件。カウントされている被害者数は２６６人（うち朝鮮人39人、中国人〈軍は朝鮮人だと強弁〉２００人、日本人27人）に上る。

これに、司法省の部内調査書◉にある軍の殺害記録のうち「事件調査表」と重ならない21人（朝鮮人13人、日本人8人）を加えると２８７人となる。

もちろん、それは実際にあった殺害事件のごく一部にすぎないことだろう。当時、陸軍大尉として野戦重砲兵第3旅団で参謀的な役割を担っていた遠藤三郎《えんどうさぶろう》［１８９３～１９８４］（終戦時、陸軍中将）は、70年代にノンフィクション作家、角田房子《つのだふさこ》［１９１４～２０１０］の取材にこう答えている。

「…悪いとはわかり切っているが、しかし当時の兵隊は朝鮮人を一人でも多く殺せ

◉「震災後に於ける刑事事犯及之に関連する事項調査書」（『現代史資料6』収録）

ば国のためになり、勲章でももらえるつもりだった。それを殺人罪で裁いてはいけない。責任は、兵隊にそんな気持を抱かせ、勝手にやらせておいた者にある」

結局、一人の軍人も朝鮮人・中国人殺害の罪で裁かれることはなかった。

角田房子『甘粕大尉』

永代橋上東側から南方を望む

1923年 9月4日 火曜日 午前2時
京成線・荒川鉄橋上［東京都葛飾区・墨田区］

体に残った無数の傷

一緒にいた私達20人位のうち自警団の来る方向に一番近かったのが林善一という荒川の堤防工事で働いていた人でした。日本語は殆んど聞き取ることができません。自警団が彼の側まで来て何か云うと、彼は私の名を大声で呼び『何か言っているが、さっぱり分からんから通訳してくれ』と、声を張りあげました。その言葉が終わるやいなや自警団の手から、日本刀が振り降ろされ彼は虐殺されました。次に坐っていた男も殺されました。この儘《まま》坐っていれば、私も殺されることは間違いありません。私は横にいる弟勲範と義兄（姉の夫）に合図し、鉄橋から無我夢中の思いでとびおりました。

慎昌範◉

◉『関東大震災における朝鮮人虐殺の真相と実態』

慎昌範《シン・チャンボム》が日本に来たのは震災直前の8月20日。親戚など15人の仲間とともに日本に旅行に来たのだという。関西を回り、30日に東京に着いた。

9月1日午前11時58分には、彼は上野の旅館で昼食の最中だった。朝鮮半島には地震がほとんどない。

「生まれて初めての経験なので、階段から転げ落ちるやら、わなわなふるえている者やら、様々でした。私は二階から外へ飛び降りました」

その後、燃えさかる街を逃げまどい、朝鮮人の知人を頼りながら転々と避難。東京で暮らす同胞も合流していた。荒川の堤防にたどり着いたのは3日の夜。堤防の上は歩くのも困難なほど避難民であふれ、押し寄せる人波のために、気がつくと京成線鉄橋の半ばまで押し出されていった。この鉄橋は今も同じ位置にある。当時の荒川駅、今の八広駅の目の前だ。当時はすぐ横に平行して旧四ツ木橋がかかっていた。

深夜2時ごろ、うとうとしていると、「朝鮮人をつまみ出せ」「朝鮮人を殺せ」という声が聞こえてくる。気がつくと、武装した一団が群がる避難民を一人一人起こしては朝鮮人かどうかを確かめているようだった。そして、鉄橋に上がってきた彼らが、冒頭の惨劇を引き起こしたのである。

林善一《イム・ソンイル》が日本刀で一刀の下に切り捨てられ、横にいた男も殺害されるのを目の当たりにした慎は、弟や義兄とともに鉄橋の上から荒川に飛び込んだ。

だが彼は、小船で追ってきた自警団にすぐつかまってしまう。岸に引き上げられた彼はすぐに日本刀で切りつけられ、よけようとして小指を切断される。

慎は飛びかかって抵抗するが、次の瞬間に、周りの日本人たちに襲いかかられて失神した。慎にその後の記憶はない。気がつくと、全身に傷を負って寺島警察署の死体置き場に転がされていた。同じく寺島署に収容されていた弟が、死体のなかに埋もれている彼を見つけて介抱してくれたことで、奇跡的に一命を取りとめたのだ。

10月末に重傷者が寺島警察署から日赤病院に移される際、彼は朝鮮総督府の役人に「この度の事は、天災と思ってあきらめるように」と念を押されている。重傷者のなかで唯一、日本語が理解できた彼は、その言葉を翻訳して仲間たちに伝えなくてはならなかった。日赤病院でもまともな治療は受けられず、同じ病室の16人中、生き残ったのは9人だけだった。

慎の体には、終生、無数の傷跡が残った。小指に加えて、頭に4カ所、右ほほ、左肩、右脇。両足首の内側にある傷は、死んだと思われた慎を運ぶ際、鳶口をそこに刺して引きずったためだと彼は考えている。ちょうど魚河岸で大きな魚を引っかけて引きずるのと同じだと。

京成線荒川鉄橋。橋の位置は当時と変わらない

1923年 9月4日 火曜日 朝

亀戸署［東京都江東区］

警察署の中で

朝になって立番していた巡査達の会話で、南葛労働組合の幹部を全員逮捕してきてまず2名を銃殺した、ところが民家が近くにあり銃声が聞こえてはまずいので、残りは銃剣で突き殺したということを聞きました。私は同志の殺されたことをここで始めて知り、明け方に聞いた銃声の意味も判りました。

朝になって我慢できなくなり便所に行かせてもらいました。便所への通路の両側にはすでに3、40の死体が積んでありました。この虐殺について、私は2階だったので直接は見ては居ませんが、階下に収容された人は皆見ているはずです。虐殺のことが判って収容された人は目だけギョロギョロ

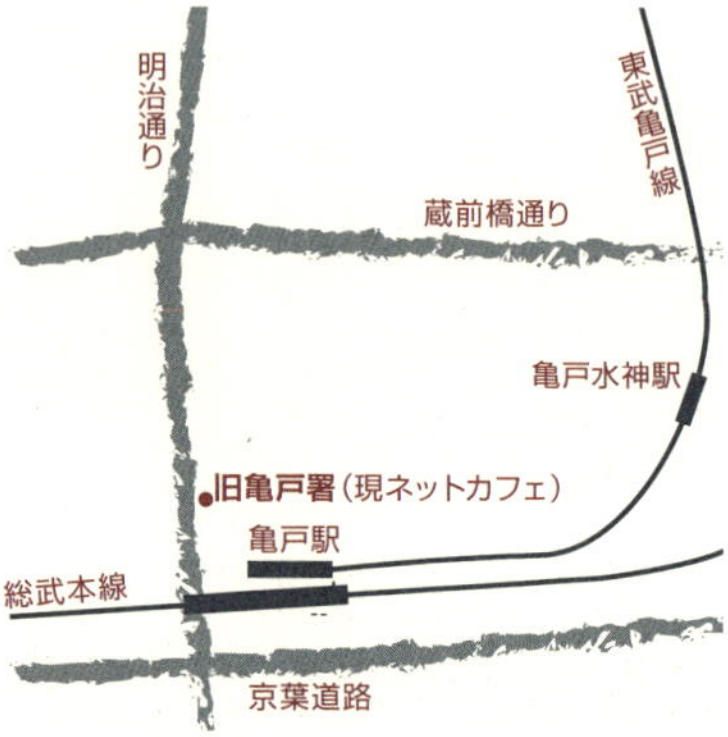

しながら極度の不安に陥りました。誰一人声をたてず、身じろぎもせず、死人のようにしていました。

　虐殺は4日も一日中続きました。目かくしされ、裸にされた同胞を立たせ、拳銃をもった兵隊の号令のもとに銃剣で突き殺しました。倒れた死体は側にいた別の兵隊が積み重ねてゆくのを、この目ではっきり見ました。4日の夜は雨が降り続きましたが、虐殺は依然として行われ5日の夜まで続きました。（中略）

　亀戸署で虐殺されたのは私が実際にみただけでも5、60人に達したと思います。虐殺された総数は大変な数にのぼったと思われます。

全虎巌◉

労働組合の活動家たちが殺された事件はその後、「亀戸《かめいど》事件」と呼ばれるようになる。平沢計七《ひらさわけいしち》［1889〜1923］や川合義虎《かわいよしとら》［1902〜1923］など10人が、9月3日夜、亀戸署に検束され、警察の要請を受けた軍（騎兵13連隊）によって殺害されたのである。平沢らが殺害された日については、3日夜という説と4日夜という説があるようだ。殺された10人のうち、平沢以外の多くは20歳そこそこの若さだった。

　しかし、このとき殺されたのは彼らだけではない。自警団4人と、そして人数もわからない多くの朝鮮人たちがいた。

◉『関東大震災における朝鮮人虐殺の真相と実態』

「中国人はなぜ殺されたのか」（P59）でふれたように、亀戸署は管内に工場が密集し、労働運動が盛んに行われていたため、これに対する取締り、監視を重要な任務とする公安色の強い警察署であった。震災当時の署長の古森繁高も、もとは警視庁特高課労働係長であった。ようするに左翼や外国人を敵視する雰囲気がほかの警察署以上に強かった。

さらに震災直後、亀戸署の管内は混乱が激しかった（四ッ木橋、大島、亀戸駅周辺も管内）。「闘争、殺傷在所に行はれて騒擾《そうじょう》の巷と化したれども、遂に鮮人暴行の形跡を認めず」と同署が記録している。

警官隊は、軍とともに騒擾の現場に出向いては朝鮮人を検束。1000人を超える朝鮮人、中国人で署内はすし詰め状態だった（これに対して、署員の数は230人程度）。これは決して朝鮮人を保護することへの積極性の表れではなく、むしろ「不逞鮮人」検束への積極性の結果である。

警視庁は前日の3日以降、勝手にリンチを行うなといった内容のビラをまくなど、権力のコントロールのきかない自警団の活動を抑え込み始めた。朝鮮人暴動の実在に否定的になってきた現われでもあるが、この時点ではまだあいまいだった。

亀戸署では拘留中の日本人自警団4人も殺害されている。自警団の4人は彼らの行動をとがめた警官に日本刀で切りかかったとして逮捕されていた。房内で「殺すなら殺せ」と騒ぎ続けたという彼らに対して、亀戸署は軍に要請して殺害させたのである。そこから、活動家や朝鮮人の虐殺が始まる。

証言者の全虎巌《チョン・ホオム》は、共産主義者の川合義虎などが指導する南葛労働組合のメンバーだった。学校に通うため2年前に来日した全は、朝鮮独立への思いから社会変革の必要を考えるようになり、この頃、ヤスリ工場の労働者として労組の活動を熱心に行っていた。

2日以降、街中で自警団が朝鮮人を襲うのを目にして、全は身の危険を感じる。警察で朝鮮人を収容し始めていると聞き、その方が安全だと判断。2日昼ごろ、工場の日本人の友人たち10数人に取り囲んでもらいつつ、亀戸警察署に向かったのである。道すがら、竹やりが刺さった朝鮮人の死体をあちこちで見た。

亀戸署に収容されていた朝鮮人には、自警団の襲撃を逃げのびて自らやって来た人も多かったことを、全の証言は伝えている。だが、亀戸署内は外よりも危険な場所であった。

全は7日まで亀戸署に置かれ、その後、習志野の旧捕虜収容所に送られた。4日午後4時に戒厳司令部が東京付近の朝鮮人を習志野の収容所などに保護収容するとの命令を出したのだ。この収容は10月末まで続いた。解放されたあと、全はいったんは帰国を考えるが、やはり亀戸に戻ることにする。組合の仲間たちの安否を確かめたかったのだ。

亀戸事件——亀戸署における10人の活動家殺害は大々的に報じられて問題となり、政府も10月、事実を認めたが、軍の適正な行動であったとして誰も罪に問われることはなかった。一方、同じときに同じ署でおきた朝鮮人虐殺については、真相の一端さえ明らかにされないままである。

1923年 9月

旧四ッ木橋付近［東京都葛飾区・墨田区］

兵隊の機関銃で殺された

『風よ鳳仙花の歌をはこべ』には、自警団など一般の人々による朝鮮人虐殺だけでなく、軍による朝鮮人虐殺についての証言もいくつも掲載されている。

一般的に、関東大震災時の朝鮮人虐殺というと、自警団が朝鮮人を殺した事件というイメージで固まっている。もちろん、それは誤りではない。しかし、それだけでは行政が果たした役割が抜け落ちてしまう。正力松太郎などの警視庁幹部、そして内務省警保局などが、流言を事実ととらえて誤った情報を拡散していたことについてはすでに触れた。正力は、2日の時点では軍も朝鮮人暴動を信じていたと語っている。

実際、軍の記録を見ると「目黒、世田ヶ谷、丸子方面に出動して鮮人を鎮圧」「暴動鮮人沈（鎮）圧の為、一中隊を行徳に派遣す」◉などの文字が出てくる。

近衛師団とともに戒厳の主力を担った第1師団の司令部は、3日には「徒党せる

◉『現代史資料6』

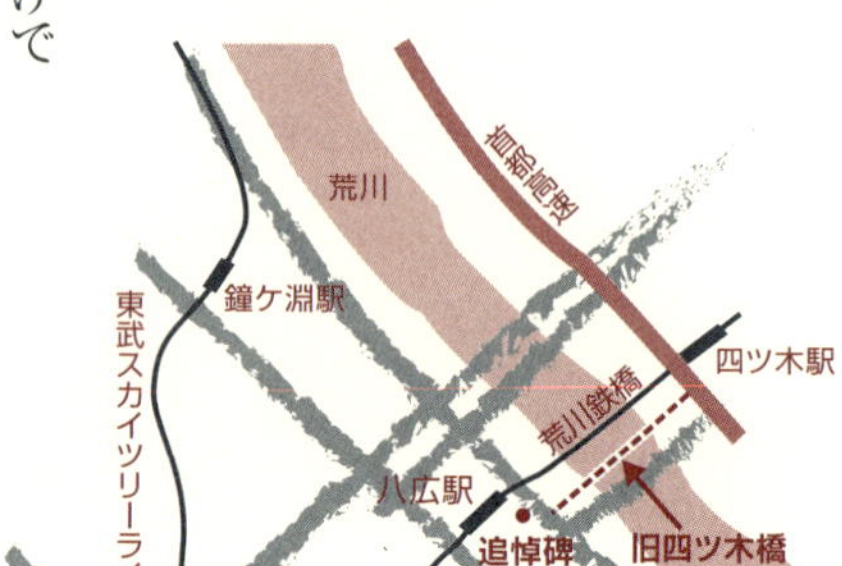

鮮人の暴行は之を認めざる」◉という判断に落ち着いたものの、各地に進撃した部隊は、多くの朝鮮人を殺害していた。

前掲書によれば、旧四ツ木橋周辺に軍が来たのは2日か3日ごろという以上はわからないという。ここでは日付は区切らず、旧四ツ木橋周辺での軍による虐殺の証言をいくつか紹介する。

> 「四ツ木橋は習志野の騎兵（連隊）でした。習志野の兵隊は馬で来たので早く来ました。なんでも朝鮮人がデマを飛ばしたそうで…。それから朝鮮人殺しが始まりました。兵隊が殺したとき、みんな万歳、万歳をやりましたよ。殺されたところでは草が血でまっ黒くなっていました」（高田〈仮名〉）
>
> 「一個小隊くらい、つまり2、30人くらいいたね。二列に並ばせて、歩兵が背中から、つまり後ろから銃で撃つんだよ。二列横隊だから24人だね。その虐殺は2、3日続いたね。住民はそんなもの手をつけない、まったく関知していない。朝鮮人の死体は河原で焼き捨てちゃったよ。憲兵隊の立ち合いのもとに石油と薪で焼いてしまったんだよ」（田中〈仮名〉）
>
> 「四ツ木橋の下手の墨田区側の河原では、10人くらいずつ朝鮮人をしばっ

◉『現代史資料6』

て並べ、軍隊が機関銃でうち殺したんです。まだ死んでない人間を、トロッコの線路の上に並べて石油をかけて焼いたですね」

（浅岡重蔵）

「9月5日、18歳の兄といっしょに二人して、本所の焼けあとに行こうと思い、旧四ッ木橋を渡り、西詰めまで来たとき、大勢の人が橋の下を見ているので、私たち二人も下を見たら、朝鮮人10人以上、そのうち女の人が1名いました。兵隊さんの機関銃で殺されていたのを見て驚いてしまいました」

（篠塚行吉）

証言者が残した直筆の手記と地図

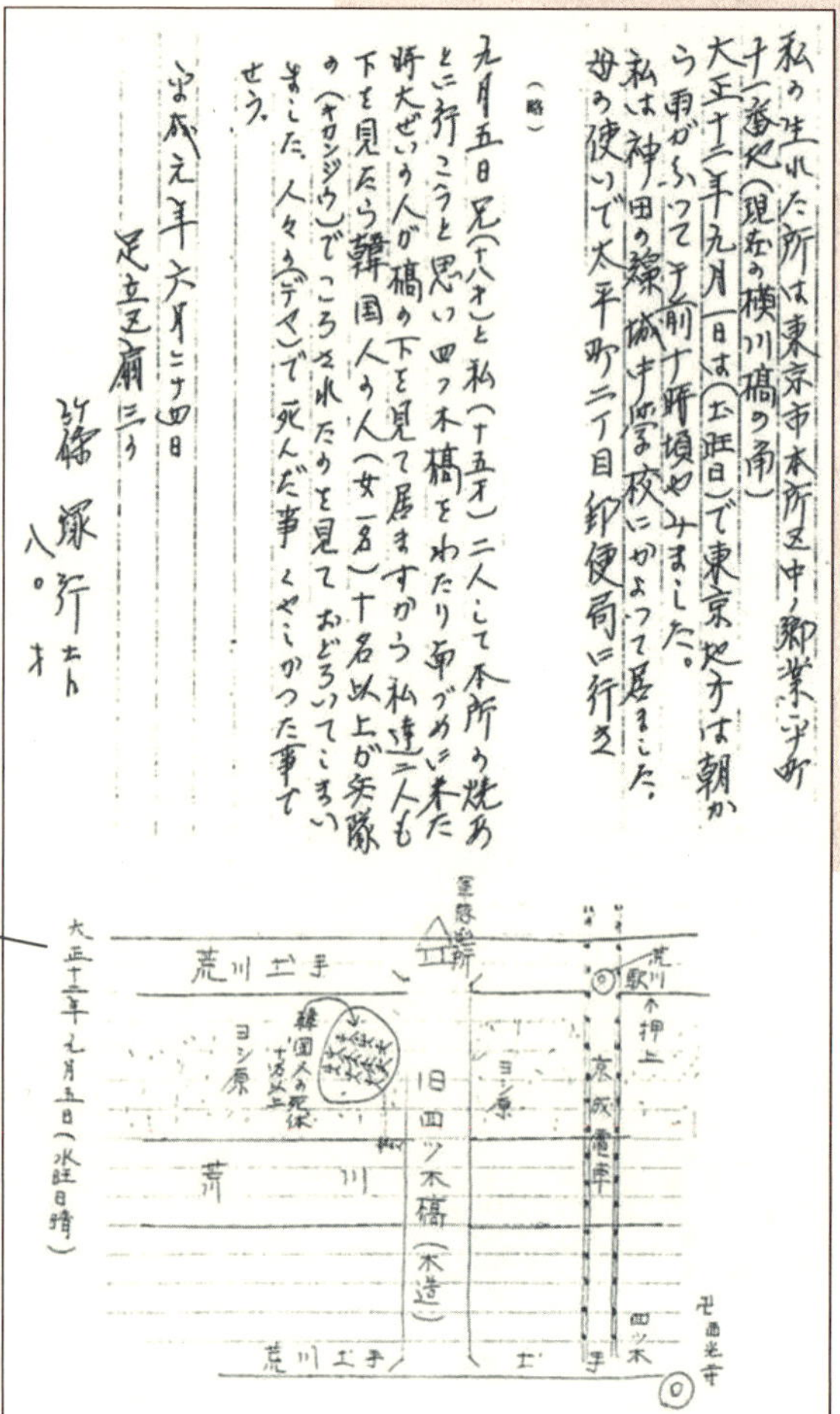
私の生れた所は東京市本所区中ノ郷業平町十一番地（現在の横川橋の南）
大正十二年九月一日は（土曜日）で東京地方は朝から雨がふって午前十時頃やみました。
私は神田の錦城中学校にかよって居ました。
母の使いで太平町二丁目郵便局に行き
（略）
九月五日兄（十八才）と私（十五才）二人して本所の焼あとに行こうと思い四ツ木橋をわたり西ヅめに来た所大ぜいの人が橋の下を見て居ますから私達二人も下を見たら韓国人の人（女一名）十名以上が兵隊の（キカンジウ）でころされたのを見ておどろいてしまいました。人々のデマで死んだ事くやしかった事でせう。
平成元年六月二十四日
足立区扇三ノ
篠塚行吉 八〇才

朝鮮人虐殺の史実を調べる「追悼する会」に残された篠塚さんの手記の一部。兵隊に殺された人々の遺体を埋めた場所が示されている

当時の旧四ツ木橋と周辺図

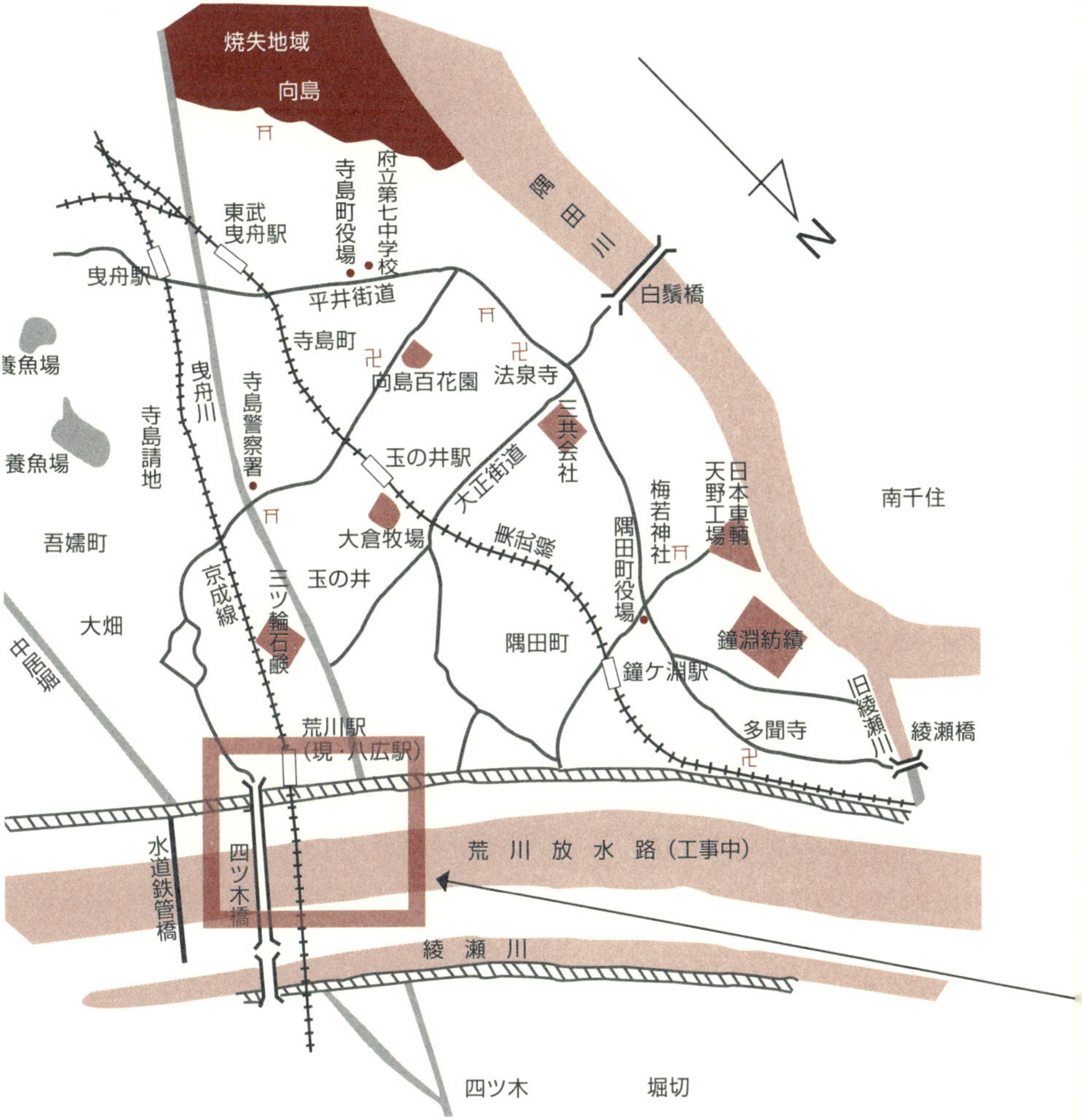

関東大震災時に虐殺された朝鮮人の遺骨を発掘し追悼する会編『風よ鳳仙花の歌をはこべ』（教育史料出版会）p.87 の図をもとに作成

第2章

1923年9月、地方へと拡がる悪夢

1923年　9月
北関東

流言は列車に乗って

上野あたりで汽車がようやく動き出すと、避難民がどんどんやって来るのです。避難民は、汽車の釜のまわりや屋根の上などにまで乗って来たのです。その人たちは、「今、上野の山で日本の陸軍と朝鮮人で内乱が起きちゃってね、それで日本の国は、つぶれちゃうので戒厳令がしかれた」というようなデマを、着のみ、着のままの姿でまことしやかに手をふっていうのです。さらに避難民がみんな、「わしも見て来た」、「わしも見て来た」、「機関銃はなる、鉄砲はなる、爆弾ははねる、やがてそういうことで人殺しは起きる。もうえらい騒ぎだ。蜂の巣をこわしたようだ」と、一人残らずいうのです。

埼玉県熊谷住民　竹内政次◉

◉関東大震災60周年朝鮮人犠牲者調査追悼実行委員会編『かくされていた歴史　増補保存版』収録

震災直後から、多くの人々が雪崩を打って東京を脱出し、各地に避難していった。9月20日までに100万人以上が流出したとみられている。運行を再開した列車は超満員となり、避難民は列車の屋根にまで群がっていた。鉄橋やトンネルを通過する際、振り落とされて死亡することもたびたびであったという。

こうした避難民の大移動は、そのまま「朝鮮人暴動」という流言と虐殺の拡大に帰結した。

まず、列車と駅そのものが虐殺の舞台となった。

夏目漱石の弟子の一人で左翼系の作家として知られる江口渙《えぐちかん》［1887〜1975］が、震災2カ月後の11月、東京朝日新聞に『車中の出来事』という随筆を書いている。彼は震災当時、栃木県烏山町（現・那須烏山市）の実家に滞在していて被害を免れたが、その後、二度にわたって東京に入り、その道中、自分自身も自警団に殺されそうになったりした。『車中の出来事』は、9月8日、栃木へと帰る東北本線の車中で彼が遭遇した出来事を描いたものだ。

列車は「屋根という屋根は無論の事、連結器の上から機関車の罐《かま》の周囲にまでも、ちょうど、芋虫にたかった蟻のように、べた一面」に避難民を満載していた。車内では、彼らはいかに危険な思いをして逃げ延びたかを興奮して口々に語り合っていた。そこには、朝鮮人や社会主義者の噂も混じっていた。

列車が荒川の鉄橋を渡るとき、眼下に朝鮮人の死体が流れていくのが見えた。すると車内は「あれを見ろよ」という叫び声でいっぱいになり、さらには「物狂しい鯨波《とき》の声でみたされ」るのであった。

人々の興奮が収まった頃、今度は在郷軍人と商人がケンカを始める。原因は足を踏んだとか踏まないとか、そんなことだったようだ。誰も関心をもたなかったが、在郷軍人が立ち上がって叫んだ一言によって、事態は一変する。

「諸君、こいつは鮮人だぞ。太い奴だ。こんな所へもぐり込んでやがって」

すると車内は一瞬で総立ちとなり、怒声が沸きあがる。群衆に詰め寄られた商人はおろおろと「おら鮮人だねえ。鮮人だねえ」と否定するが、群衆はますます激しく男を責めたてる。そして次の駅に列車が止まると、男は窓からたたき出され、ホームに待ち構えていた在郷軍人団の中に投げ込まれる。男の体には、在郷軍人たちの鉄拳の雨が降り注いだ。

「おい。そんな事よせ。よせ日本人だ。日本人だ」と江口は叫ぶが、制裁はやむことがない。やがてホームの群衆のなかに鳶口の光がひらめくと、次の瞬間、男の顔から赤々と血が流れるのを江口は目撃する。男はそのまま改札口の彼方に群衆に押し流されていく。

「無防御の少数者を多数の武器と力で得々として虐殺した勇敢にして忠実なる『大和魂』に対して、心からの侮辱と憎悪を感じないわけにはいかなかった。ことに、その愚昧《ぐまい》さと卑劣と無節制とに対して」という一文で、この文章は結ばれている。

江口が目撃したような暴行は、実際に数多く記録されている。東京から東北方面へ多くの人々が列車で避難したが、その際、朝鮮人や朝鮮人に間違われた日本人が列車内から引きずり出され、駅の構内や駅前で殺害された。

栃木県では、宇都宮駅、間々田《ままだ》駅、小金井駅、石橋駅、小山《おやま》駅やその周辺で、多くの朝鮮人が暴行された。東北本線石橋駅構内では、9月3日夜、「下り列車中に潜んで居た氏名不詳の鮮人2名を引き下し、メチャメチャに殴り殺●」す事件もあった。同じく栃木県の東那須駅（現・那須塩原駅）前では、5日夜、朝鮮人の馬達出と、一緒にいた日本人の宮脇辰至が駐在所近くで殺された。

検察の発表では、栃木県内で殺害されたのは朝鮮人6人、日本人2人。重傷者は朝鮮人2人、中国人1人、日本人4人。56人が検挙された。

小山駅前では、下車する避難民のなかから朝鮮人を探し出して制裁を加えようと、3000人の群衆が集まった。このとき一人の女性が、朝鮮人に暴行を加えようとする群衆の前に手を広げて立ちはだかり、「こういうことはいけません」「あなた、井戸に毒を入れたところを見たのですか」と訴えたという逸話が残っている。1996年、この女性が74年に92歳で亡くなった大島貞子という人であることが、「栃木県朝鮮人強制連行真相調査団」の調査で分かった。彼女はキリスト教徒であったという。

流言は列車に乗り、避難民の背に乗り広がっていった。新聞のデマ記事がこれを追いかけ、行政の誤った対応がその背中を押す。こうして、地震の被害がほとんどなかった東京の西部や、千葉や埼玉、群馬まで、虐殺は拡大していったのである。

● 上毛新聞1923年10月25日付（『関東大震災における朝鮮人虐殺と実態』収録）

1923年 9月4日 火曜日 夜
熊谷［埼玉県熊谷市］

「万歳」の声とともに

熊谷寺では、生から死まで見ました。寺の庭では、1人の朝鮮人を日本人がぐるって取りまいたグループが、5つほど出来ました。そして殺すたびに『わあ、わあー』『万才、万才』と喚声があがるのです。

柴山好之助◉（熊谷住民）

埼玉県熊谷市の中心部にある熊谷寺《ゆうこく》の、1923年9月4日夜の光景である。

地震の被害が少なかった埼玉県だったが、東京から流入する避難民を通じて朝鮮人暴動の流言は広まっていった。「東京では、今朝鮮人と日本の軍隊が戦って、日本の軍隊がだいぶ殺されちゃって、朝鮮人は優勢ですよ◉◉」といった荒唐無稽な言葉

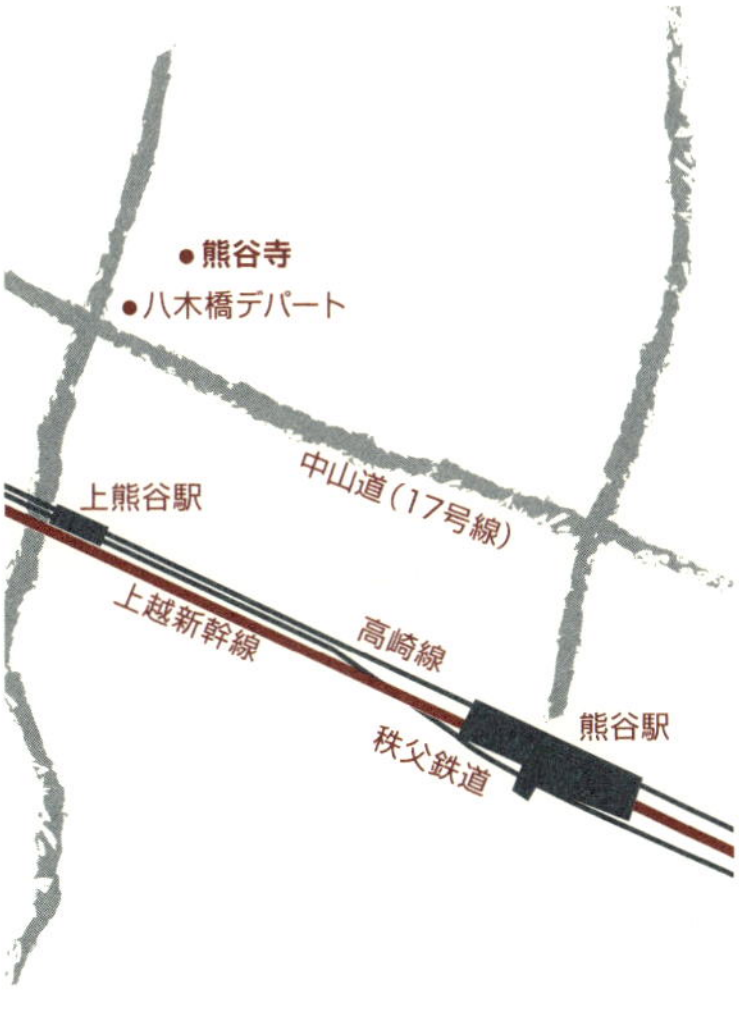

◉『かくされていた歴史』
◉◉『かくされていた歴史』

も、着の身着のままの避難民の口から発せられれば、切迫した信憑性を帯びたのである。

さらに、この流言にお墨付きを与えたのが、例によって行政である。埼玉県は2日、「東京に於ける震災に乗じ暴行をなしたる不逞鮮人」が埼玉に入ってくる可能性があるから在郷軍人会などと協力して有事に備えよ、という趣旨の通牒を各郡町村に発する。これに応じて、各地に自警団が結成された。

あわせて県は、県内に避難してくる朝鮮人を実際に川口で検束し、蕨に移送。その後、さらに北への護送を各町村の自警団にゆだねた。各町村の自警団が少数の警官とともに駅伝式に隣町まで護送するのである。目的地は群馬県の高崎連隊だったのではないかと見られているが、いまだにはっきりしない。

残暑の厳しいなか、家族連れも含む朝鮮人たちは、休憩もなく延々と歩かされた。途中、逃亡した者が合わせて10数人、殺害されている。

蕨から大宮、桶川と彼らは歩き続け、町から町へとリレーされて、熊谷に着いたのは4日の夕方、蕨から50キロを30時間かけて歩き続けた末のことだった。市内中心部に入るあたりで、熊谷町の自警団に引き継ぐはずだったが、現場の状況はそれまでの町や村とは異なっていた。

熊谷町中心部は、数千とも思われる人々に埋め尽くされていた。当時、急速に膨張しつつあった熊谷の人口は約2万3000人。1軒に1人、自警団に参加せよという呼びかけは、不必要な数の人々を街頭に呼び寄せてしまう。彼らは東京の仇を討とうと殺気立った烏合の衆と化していた。

最初の虐殺が起きた砂利置場付近（秩父鉄道踏切あたり）

群衆は、引き継ぎポイントとなった砂利置場付近に現れた朝鮮人の群れにどっと殺到する。「家の叔母さんだ、兄貴だ、いとこだのをこの朝鮮人が殺っちゃったんだから、家を焼いちゃったんだから、このやつらは敵だ」とこれをあおる者もいた。20人以上がここで殺害された。

熊谷市在住の研究者、山岸秀はこの時の状況を「中心部入り口における殺戮に加わった民衆は、その昂奮をそのまま市街地へ持ち込んだ。彼らは血がついた刀、竹槍、棍棒を持って逃げた朝鮮人を探し、みつけ出しては殺す。そこに自警のかけらは少しもない」と描写する。

逃げずに縄で縛られ、おとなしく連行されていく者も容赦なく暴行を受けた。

「その時私は、眼の前で、日本刀を持って来た人が、『よせ、よせ』というのをふりきって、日本刀で朝鮮人を斬ったのを見ました。家にあった日本刀を持ち出し、こんな時に斬ってみなければ切れ味がわからないといって、斬ったのだそうです」（住民の証言）

彼らが最終的にたどり着いたのが深夜の熊谷寺の境内だった。ここで残りのほとんどの朝鮮人が「万才、万才」の声のなか、殺害されたのである。

熊谷寺は、かつて熊谷直実が出家生活を送っていた庵のあとに開かれた浄土宗の寺である。熊谷直実とはもちろん、平家物語の「敦盛最期」で、わが子と同じ年頃の平敦盛の首を泣く泣く斬った（「泣く泣く首をぞ掻いてける」）、あの熊谷だ。後に法然の弟子となり、出家した。

山岸は、このとき殺害された朝鮮人の数を、40〜80人ほどと見ている。「殺され

●『かくされていた歴史』

●●山岸秀『関東大震災と朝鮮人虐殺80年後の徹底検証』

た人数すらはっきりとわかっていないのだから、名前、年齢、性別、職業、出身地などは何も残されていない」。

それにしても、息を呑むほかないような惨劇である。焼け出された人々が過剰防衛意識ややり場のない怒りから暴力的になるというならまだ分かる。だが被災地から遠く離れた人々がなぜ、ここまで残酷になれたのだろうか。山岸は流入したばかりの新住民の過剰な忠誠心、同調意識などを背景として指摘している。

山岸はまた、「自警団」についてこう語っている。

「自警団、自警団員の中には、自警を超えて、虐殺、朝鮮人いじめを楽しむ者も出てきた。前述で見たような殺し方は、もはや自衛のためのものではなく、社会的に抑圧されていた者が、その屈折した心の発散を弱者に向けるようになったものである」「危険な朝鮮人ではないということを十分に知った上での暴虐であり、自分たちのストレスの発散を求めた、完全な弱い

当時の熊谷駅付近

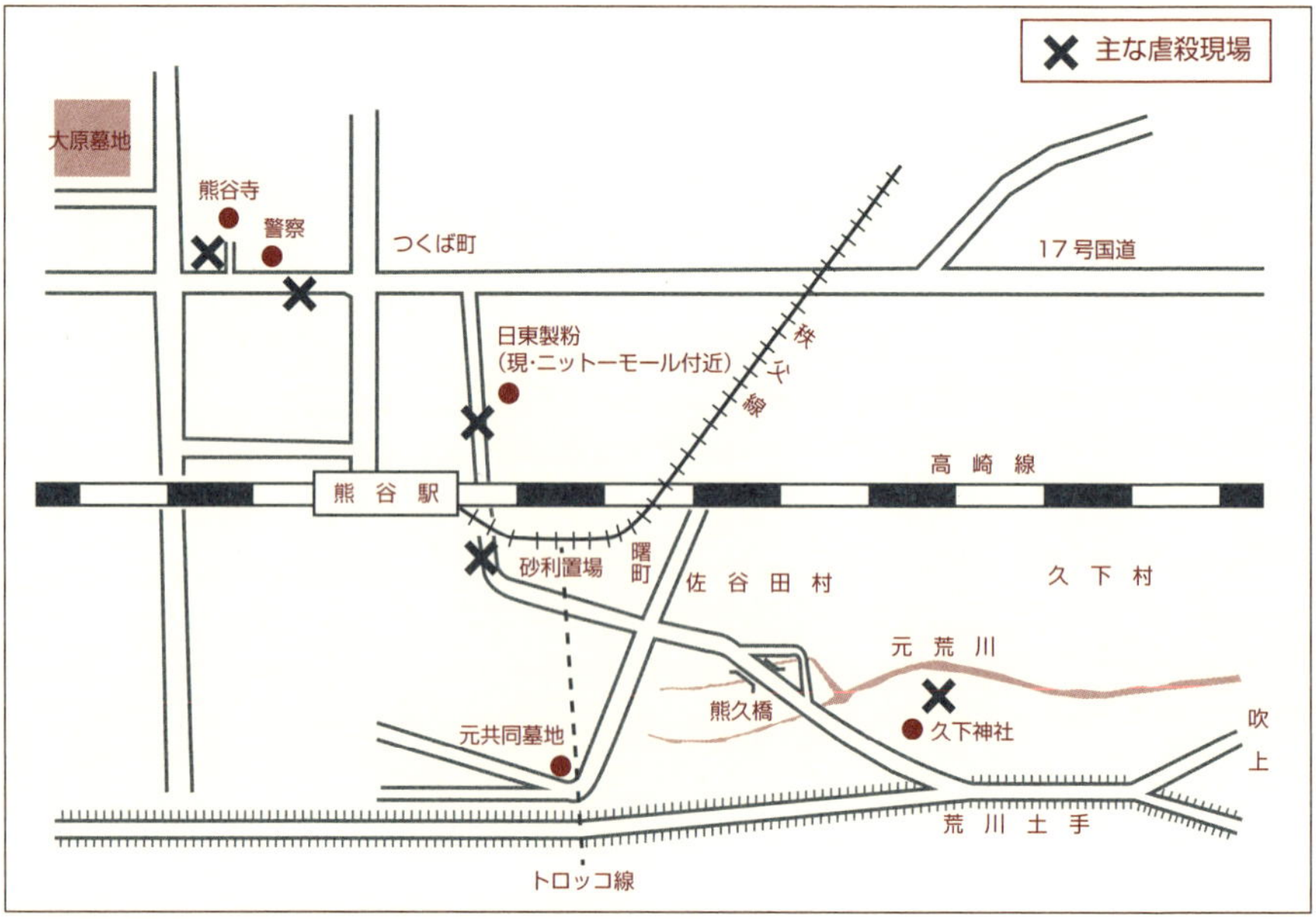

関東大震災60周年朝鮮人犠牲者調査追悼事業実行委員会編『かくされていた歴史』（日朝協会）p.36の図をもとに作成

者いじめになっている」「対象は安全に攻撃できる、自分より弱いものであればいいということになる」

この文章は熊谷の事件について書かれたものではなく、自警団一般について書いた文章である。ここで描かれているのは、特定の時代や国、地域などと関係ない、人間が普遍的にもつ醜さにすぎないといえばそれまでである。だが、ヘイトスピーチがネットにあふれ、レイシストが「朝鮮人を皆殺しにしろ」などと叫んで街頭に出てくるようになった今の日本で、この描写には妙な説得力がある。

話を1923年9月の熊谷に戻す。

町のあちこちに転がった遺体は、暑いなか、すぐに腐臭を発するようになる。野犬が食いあさる。放置されたままで誰も近づかなかったこれらの遺体を黙々と荷車に積み込み、野焼きしたのは、一人の火葬人夫と、町の助役である新井良作だけだったという。その後、熊谷市の初代市長となった新井は、1938年に朝鮮人犠牲者の供養塔を建立。今も供養塔は守られ、95年以降は毎年、熊谷市主催で追悼式が行われている。

熊谷と同じ4日に起こった本庄市（100人前後殺害）や神保原村（現・上里町。42人殺害）の事件をはじめ、埼玉県内で殺された朝鮮人は、山岸のまとめによれば200人を超える。それらを裁く公判は11月には判決を迎えたが、最長の懲役4年の1人と、2〜3年の懲役が20人、執行猶予が95人と無罪が2人という結果だった。証人として出廷した本庄署の巡査は「検事は虐殺の様子などに触れることは努めて避けていたようで、最初から最後まで事件に立ち合っていた私に、何ひとつ聞こうとはし

熊谷寺大原霊園にある朝鮮人犠牲者の供養塔

●『関東大震災と朝鮮人虐殺　80年後の徹底検証』

●●この供養塔に刻まれた碑文には、具体的な事件の内容も、殺されたのが朝鮮人であることも明記されていないことを山岸は指摘している

なかった」と述懐している。不真面目な裁判だったようだ。

また、これだけの惨事の引き金を引いたのが、2日に発出された県の通牒であることは明らかであり、そのことは事件直後からメディアでも指摘されていた。だがこれに対して、当時の埼玉県内務部長は「平時に波瀾を起したものならともかく、アノ当時の状態としてアレ丈の事に気がついたのは寧《むし》ろよい事をしたとさへ思つている」と居直るだけだったという。責任はどこかに消えてしまったわけである。

流言と虐殺は埼玉からさらに北上し、5、6日には群馬県の多野郡藤岡町（現・藤岡市）において、藤岡警察署に保護されていた朝鮮人17人が乱入した群衆によって殺される事件もおきている。詩人の萩原朔太郎《はぎわらさくたろう》［1886〜1942］はその憤りを詩にしている（本書巻頭言に掲載）。

●『大正の朝鮮人虐殺事件』

●●「東京日日新聞」1923年10月24日付（『かくされていた歴史』収録）

1923年 9月5日 水曜日 午後4時半
旧・羅漢寺付近［東京都江東区］

差し出された16人

千葉街道に出ると、朝鮮人が1000人に近いなと思うほど4列に並ばされていました。亀戸警察に一時収容していた人たちです。憲兵と兵隊がある程度ついて、習志野のほうへ護送されるところでした。
もちろん歩いて。列からはみ出すと殴って、捕虜みたいなもので人間扱いじゃないです。（中略）僕は当時純粋の盛りですからね。この人たちが本当に悪いことをするのかなって、気の毒で異様な感じでした。（中略）
ここ（羅漢寺隣の銭湯前）まで来たら、針金で縛って連れてきた朝鮮人が8人ずつ16人いました。さっきの人たちの一部ですね。憲兵がたしか2人。兵隊と巡査が4、5人ついているのですが、そのあとを民衆がぞろぞろつ

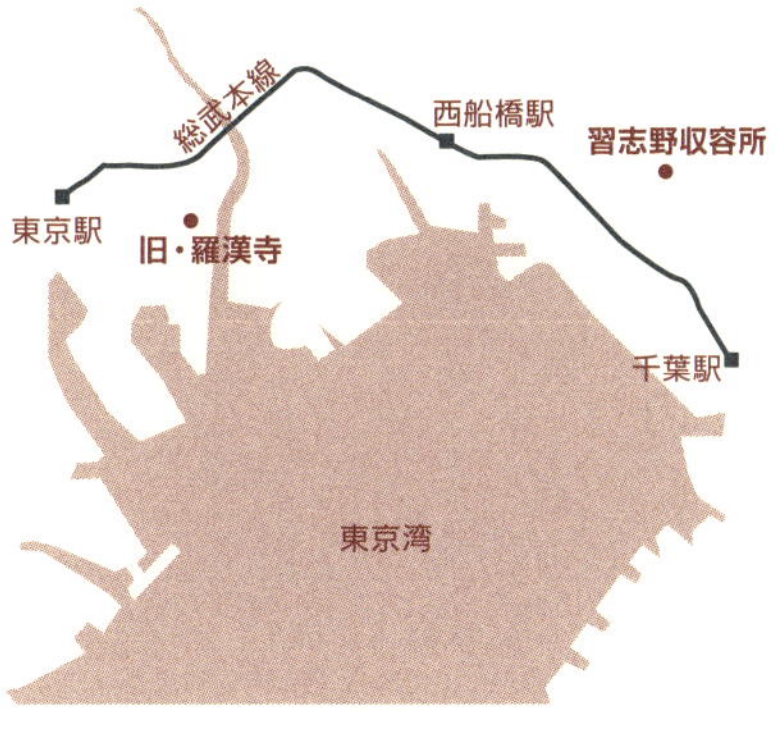

いてきて「渡せ、渡せ」「俺たちのかたきを渡せ」って、いきり立っているのです。

銭湯に朝鮮人を入れたんです、民衆を追っ払ってね。僕も怖いもの見たさについてきたんだけど、ここで保護して習志野（収容所）に送るんだなあと、よかったなーって思いましたよ。それで帰ろうと思ったら、何分もしないうちに「裏から出たぞー」って騒ぐわけなんです。

何だって見ると、民衆、自警団が殺到していくんです。裏というのは墓地で、一段低くなって水がたまっていました。軍隊も巡査も、あとはいいようにしろと言わんばかりに消えちゃって。さあもうそのあとは、切る、刺す、殴る、蹴る、さすがに鉄砲はなかったけれど、見てはおれませんでした。16人完全にね、殺したんです。5、60人がかたまって、半狂乱で。

（中略）ちょうど夕方4時半かそこらで、走った血に夕陽が照るのが、いまだに60何年たっても目の前に浮かびます。自警団ばかりじゃなく、一般の民衆も裸の入れ墨をした人も、「こいつらがやったんだ」って、夢中になってやったんです。

浦辺政雄◉

「マグニチュード7・9」（P21）で登場した、当時16歳の浦辺政雄が目撃した光

◉『風よ鳳仙花の歌をはこべ』

景である。当時、羅漢寺は現在の西大島駅《にしおおじま》（都営新宿線）付近にあった。浦辺の証言はやや分かりにくいが、習志野収容所に送られる途中の、1000人近いとも思われる朝鮮人の列から、憲兵が16人だけを抜き出して銭湯の建物に入れ、さらにその裏口から「放免」することで、群衆の殺すがままに任せたということだろう。

浦辺は、全焼した本所から大島の知人の家に避難していた。震災当日にはぐれてしまった父とは、翌日、無事に再会を果たすことができたが、兄の行方が知れず、浦辺は父とともに毎日、四方を歩いては兄を探していた。

そうやって歩いているなかで、浦辺は朝鮮人虐殺の現場を何度も目撃することとなった。3日の朝には大島の丸八橋下で軍に射殺された20人の朝鮮人を見た。電線で後ろ手に縛られていた。一人の男は血を噴き出しながらまだ生きていた。隣の新開橋でも、10人の銃殺死体を見た。翌4日には、火炎旋風で亡くなった焼死体で埋めつくされた被服廠跡（現・横網町公園）で、男たちに石油をかけられて生きたまま燃え上がる4人の朝鮮人を見た。男たちは「こいつらが俺たちの兄弟や親子を殺したのだ」と叫んでいた。

そうした虐殺を目の当たりにしてきた浦辺は、習志野に移送されていく朝鮮人の列を、これで殺されることもなくなったのだと思いながら眺めていたのである。だが虐殺はまたしても起こったのであった。

政府、軍、警察は3日以降、当初実在を信じ込んでいた「朝鮮人暴動」がそもそも存在しなかったことに気づき、軌道修正を図っていた。

朝鮮人の習志野移送は、前日4日の午後4時に第1師団司令部によって決定され、同日午後10時に具体的な命令が下された。その内容は、かつて戦時捕虜を収容していた習志野収容所などに朝鮮人を収容すること、各隊はその警備地域の朝鮮人を「適時収集」して移送すること、というものであった。

朝鮮人を習志野に集中隔離するのは、自警団による虐殺をこれ以上拡大させないための処置である。震災翌日に就任した山本権兵衛首相は5日、「震災に際し国民自重に関する件（鮮人の所為取締に関する件）」という内閣告諭を出して国民に暴力の自重を求めている。

「民衆自ら濫《みだり》に鮮人に迫害を加ふるが如きことは固《もと》より日鮮同化の根本主義に背戻《はいれい》するのみならず、又諸外国に報ぜられて決して好ましきことに非《あら》ず」

警察や軍ではなく、民衆自身が朝鮮人を迫害するのは、韓国を併合した日本の「善意」に反するし、外国で報道されるのは好ましくないという内容だ。要するに虐殺の事実が諸外国で報道され、日本の不利益になることを恐れていたのである。

ちなみに、朝鮮人だけでなく、中国人も習志野に送られている。9月17日の収容最大人数が朝鮮人が3000人以上、中国人が約1700人であった。

大島町の中国人虐殺について先に書いたが（P59）、この習志野移送命令によって、大島の中国人労働者のうち、虐殺にあわなかった数百人も警官隊によって捕えられ、全員習志野に送られた。大島から中国人の姿は消え、空き家となった中国人宿舎は、そのまま日本人労働者の宿舎となったという。

浦辺少年が目撃したのは、前日夜の命令を受けて、習志野に移送されていく朝鮮人たちだった。ではなぜ、あの16人だけは途中で放り出されて、自警団のえじきに供されたのだろうか。

姜徳相は、『関東大震災・虐殺の記憶』のなかで、軍や警察の失態を知りすぎた者を処分したのではないかと推察している。

そうかもしれない。しかし、もっと卑小な、わけのわからない理由でたまたま選ばれたのかもしれない。いずれにしろ彼ら16人は、「保護」の建前に従って移送される途中で、自らのあずかり知らない気まぐれのような事情から惨殺されたのである。

浦辺は結局、この日までに51人の朝鮮人が殺されるのを見た。

「理由なく殺されていく人々を我が瞳の前に五十余人見つ」

浦辺が後に詠んだ歌である。

この日から2日後、浦辺は兄と再会。家族全員が無事に合流できたのはよかったが、一家は全財産を失っていた。浦辺は親元を離れて建具屋に弟子入りし、建具職人として歩んでいくことになる。

1923年 9月6日 木曜日 午前2時
寄居警察分署［埼玉県寄居町］

ある隣人の死

震災後、秩父に近い埼玉県大里郡寄居町でも、医師たちが駅に救護所を設けて詰めていた。東京から避難してくる被災者を救護するためである。9月5日、新井宦《ゆう》もまた、そうした医師の一人として寄居駅前で食べ物などを配り、「気持ちの悪い人はいませんか」と呼びかけていた。

新井医師は、たまたま駅前を通りかかった一人の若者にも食べ物を勧めた。若者は差し出されたいなり寿司にムシャムシャとかぶりつく。新井医師と同行していた清水医師が「これからどうするんだ」と尋ねると、彼はこう答えたという。

「おれ今、10円持っている。それ使ってしまったらどうなるかわからない」

この一言が、今に残された彼の唯一の肉声である。彼の名は具学永《グ・ハギョン》。寄居でアメを売って歩いている28歳の若者だった。

当時、全国どこにでも朝鮮アメ売りというものがいた。彼らは両端に大きな箱

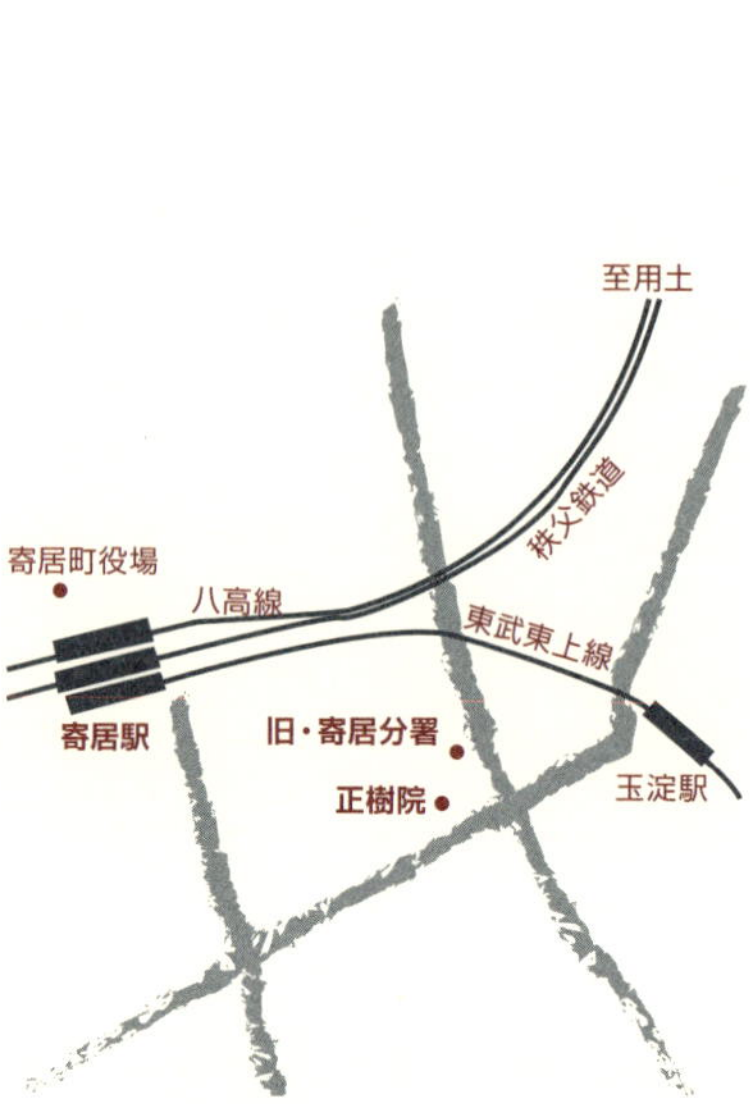

をつけた天びん棒を担いで、「ちょーせんにんじーん、にんじんあーめ」「ちょうせんあめ買いましょう」と独特の節回しで声を張り上げながら、朝鮮人参が原料だというアメを子どもに売って歩くのである。簡単な芸をみせることもあったらしい。工事人夫として働いていた朝鮮人が、工事が終わり仕事がなくなったためにアメ売りになることもあった。資本がほとんどなくてもできる商売だからだろう。

具学永が寄居に姿を現したのは2年前。それ以前はどこで何をしていたのかわからない。やはり工事人夫として働いていたのかもしれない。震災当時は寄居駅の南にある浄土宗の寺院、正樹院の隣にある安宿に1人で暮らしていたようだ。小柄でやせ型。おだやかで人のいい若者だったという。町の人で、声を張り上げて往来を行く彼のことを知らない者はなかった。

彼がもっていた10円は、今の価値で言えば数万円に相当する。それは、貧しいアメ売りにとっては小さい額ではないはずだ。それでも彼が「どうなるかわからない」と答えたのは、おそらく震災以後、出歩いて商売を続けることに不安を覚えていたということだろう。清水医師の「これからどうするんだ」という質問も、それを分かったうえでのものだったに違いない。

寄居の街自体は、震災以降も平和そのものだった。東京の避難民が持ち込む流言と、自警団結成を求める例の県の通達によって、消防団がとりあえず自警団に衣替えしたが、橋のたもとに座っているだけでなんということもなく、ましてや具に危害を加えようという者はいなかった。

それでも具は、不安を感じていた。あるいは、前日に熊谷で何十人もの朝鮮人が

寄居の目抜き通り

何の理由もなく虐殺された事件の報がすでに耳に届いていたのかもしれない。いなり寿司を食べ終わった彼は結局、寄居警察分署におもむき、自ら「保護」を求めることにした。そうは言っても、身辺にすぐさま危険が迫っているとまでは感じていなかったのだろう。彼は「何も仕事をせずに遊んでいては申し訳ない」と笑い、署内の敷地の草むしりをして時間を潰していた。

だが隣村の用土村（現・寄居町）では、寄居とは違って張り詰めた空気が漂っていた。住民たちは「不逞鮮人」の襲撃に立ち向かう緊張と高揚に包まれていた。それは、前日に熊谷などで繰り広げられた惨劇の「高揚」に感染したものだった。

事件のきっかけは、その日、誰かが怪しい男を捕まえてきたことだった。自警団は男を村役場に連行する。ついに本物の「不逞鮮人」を捕らえた興奮に100人以上が集まったが、取調べの結果、男は本庄署の警部補であることがわかった。がっかりする人々を前に、一人の男が役場の土手の上に立って演説を始める。「寄居の下宿屋には本物の朝鮮人がいる。殺してしまおう」。新しい敵をみつけた人々はこれに応え、手に手に日本刀、鳶口、棍棒を準備し、寄居町へと夜道を駆け出していった。途中、他村の人々も合流し、勢力は膨れ上がっていく。

具学永がすでに下宿屋におらず、寄居警察分署で保護されていることを知った人々は、寄居分署に押し寄せた。朝鮮人を引き渡せと叫ぶ彼らに対し、星柳三署長は玄関先で、わずか3人の署員たちとともに説得に努めた。そのうちに寄居の有力者である在郷軍人会の酒井竹次郎中尉も駆けつけ、「ここにいる朝鮮人は善良なアメ売りである」と訴えるが、興奮した彼らは聞く耳をもたない。群衆は署長らを竹槍で脅して排除すると署内になだれ込んだ。
具学永は留置場のなかに逃げ込んだが、男たちは格子の間から日本刀や竹やりを突き入れる。具は泣き叫び、牢のなかを逃げまどった。そのうちに具が血を流して倒れると、男たちは彼の体をずるずると引きずって玄関先まで運んだ。具はそこで、外で待ちかまえていた群衆にさらに暴行され、息絶えた。◉ 6日の深夜、2時から3時の間の出来事だった。人々は、絶命した具をその場に放置して、村に帰っていった。

事件の翌日に新井医師が警察署に行ってみると、そこにはむしろを掛けられた具の遺体があった。検分すると、遺体には合計62箇所の傷があった。「とにかくちょびりちょびりいじめいじめやったと見えてひどい傷でした」と新井医師は証言している。

10月、用土村の自警団12人が逮捕・起訴された。被告の一人は法廷で「留置所に入れてある位だから悪い事をした鮮人と思ってたたきました」と弁明した。

具学永の遺体は、宮澤菊次郎というあんま師が引き取ったという。具の墓が、今も寄居の正樹院に残っている。

正面に「感天愁雨信士」と戒名。右の側面には「大正十二年九月六日亡　朝鮮慶南蔚山郡廂面山田里居　俗名　具学永　行年　二十八才」、左の側面には「施主　宮澤菊次郎　外有志之者」と彫られている。熊谷在住の研究者である山岸秀によれば、虐殺犠牲者で名前と出身地が分かり、さらに戒名もついているというのは珍しいという。彼は「それだけ（具学永と）地元住民との日常関係が成立していたと

◉ 具が留置場のなかに追い込まれていたとき、そばにあったなにかのポスターのうえに、自らの血で「罰　日本　罪無」と書いたのを見たという証言もある（『大正の朝鮮人虐殺事件』）。「日本人、罪なき者を罰す」という抗議の意味だったのではないかという

いうことである」と書いている。寄居の人々にとって、具学永の死は、名前と個性をもった隣人の死だったのである。

寄居警察分署の惨劇が未明にあった6日、戒厳司令部は「朝鮮人に対し其性質の善悪に拘らず無法の待遇をなすことを絶対に慎め」「之に暴行を加へたりして、自ら罪人となるな」という強い調子の「注意」を発表する。さらに、「有りもせぬことを言触らすと処罰されます」というビラ10万枚を各地で配布するなど、政府・軍の流言に対する態度は、はっきりと否定的になった。

こうしてようやく、9月1日から続いてきた流言と虐殺は収束にむかった。だが、惨劇の余波は、まだしばらくは続くことになる。

正面に「感天愁雨信士」とある具学永の墓（寄居・正樹院）。右側面には「具学永」の文字が見える

1923年　9月

高円寺［東京都杉並区］

「半月《パンダル》おじいさん」の高円寺

尹克栄《ユン・クギョン》さん（ソウル出身）は、震災当時21歳だった。（中略）1921年に東洋音楽学校に留学、同胞の留学生と高円寺に下宿していた。

震災の後、好奇心で都心はどうなったかと銀座あたりまで出かけて夜通し歩いた。2日にどの場所でか、握り飯配給の列に加わっていたところ、朝鮮人労働者が引きずり出されて殴られるのを目撃する。誰何されて日本語で答えられなかったのだ。こうした場面を数回見た。帰り道では、「朝鮮人が井戸に毒を入れて日本人を殺す」「あらゆる犯罪をしている。朝鮮人を追い出せ」などの貼紙が、時間がたつにつれて増えていった。何カ所かで尹さんも誰何されたが、なれた日本語と日本の学生とかわらない雰囲

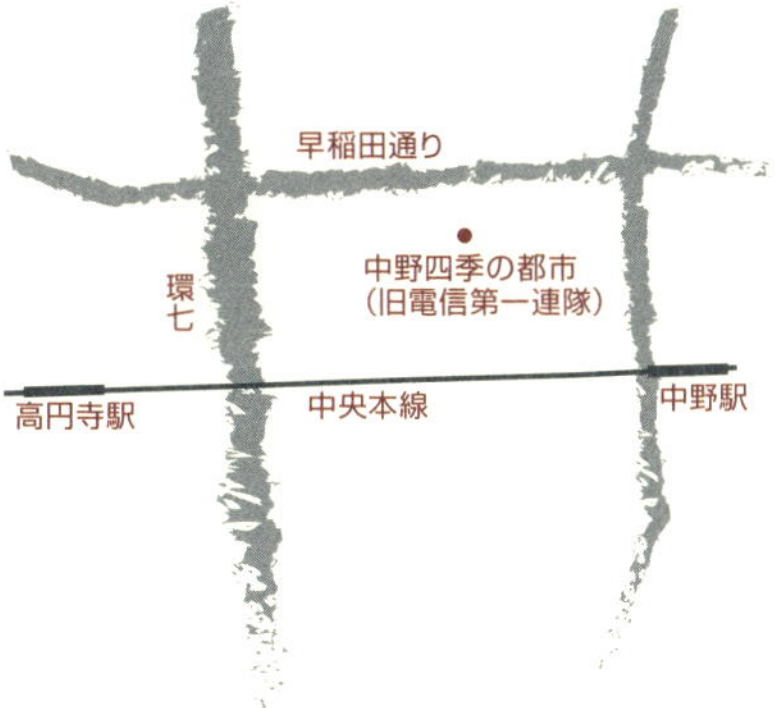

> 気のためにまぬがれることができた。
> 　下宿に戻ったが余震が続くため、何日か近くの留学生17人でかたまって竹林で野宿をしていた。中野には電信第一連隊があったが、ふいにそこから7、8人の兵士がやってきた。「朝鮮人だろう、井戸に毒を入れたことがあるか」と尋問する。「そんなことはしない」と言うと、嘘をつくなと2、3人が殴られ、下宿を捜索された。そのころの学生なら有島武郎の本の1冊ぐらいは持っていたが、『惜しみなく愛は奪う』のタイトルが赤い字のため、「共産党だろう」と銃剣を突きつけられ、みんな電信隊に連行されてしまった。「保護」の名目で2、3日留置、調査されたのである。
> 　帰されても軍隊にいたほうが安全だったほど、周囲は物騒だった。
>
> 『風よ鳳仙花の歌をはこべ』

　右の証言は、「関東大震災時に虐殺された朝鮮人の遺骨を発掘し追悼する会」が韓国に渡り、日本留学経験者に聞き取りを行ったものだ。

　証言には続きがある。このあと、1人の男が彼らを訪ねて来て頭を下げるのである。玉と石を混同していた、と。「石」とは朝鮮人労働者を指している。さらに軍までが「誤解しないでほしい」と伝えてきたそうだ。要するに、朝鮮の有力者子弟が多い留学生にむやみに怪我でも負わせれば後々まずいというわけである。

「証言者の多くが語ったのが『労働者が殺された。私たちは留学生だったから助かった』ということだった」(同書)。それは上記のような理由のほかに、労働者たちは日本語を体系的に学んでおらず、「誰何や検問に引っかかったとき、まぬがれるのはむずかしかったろう」ということもある。さらに仕事を追って転々としているので、地域の日本人との関係も薄い場合が多かった。

1920年代に来日した朝鮮人の多くは労働者で、留学生は少ない。また留学生が住んでいたのは現在の杉並区、豊島区、新宿区、文京区などにあたる東京西部の郊外であり、地震の被害も比較的に少なかった。

高円寺は今日、中央線文化の「聖地」として若者の人気が高い。私の韓国の友人もそうだが、外国の若者にも人気がある。その高円寺も、やはりというべきか、あの年の9月には朝鮮人にとって命の危険を感じるほどに「物騒」だったわけだ。誰かが殺されたという記録はないが、実際に誰も殺されていないとは断言できない。ちなみに尹克栄らが連行された電信第1連隊は、現在の中野駅北側の「中野四季の都市《まち》」(警察学校跡)にあった。

尹克栄はその後、童謡を中心に600曲以上を創作。韓国では知らない人のない国民的作曲家となり、1988年まで生きた。代表作「半月《パンダル》」から、半月ハラボジ(韓国語でおじいさんの意)と呼ばれて今も親しまれている。韓国のメディアによれば、晩年をすごしたソウルの自宅が「半月ハラボジの家」記念館として2014年中に公開される予定だという。

1923年 9月9日 日曜日 前後
池袋［東京都豊島区］

あそこに朝鮮人が行く!

9月2日の朝、下宿先（長崎村。現在の豊島区千川、高松、千早、長崎町あたり）を出ると、近所の人から「李くん、井戸に薬を入れるとか火をつけるとか言って、朝鮮人をみな殺しにしているから行くな」と止められた。「そんな人なら殺されてもしかたがない。私はそんなことしないから」と言って忠告を聞かなかったのがまちがいだった。

雑司が谷をすぎたあたりで避難民に道を尋ねたら、「朝鮮人だ！」と殴るのだ。ちょうど地下足袋を『東亜日報』にくるんでいたが、そのなかにノロ（鹿）狩りの記事があって、「銃」という漢字を見とがめられたのである。大塚警察署に青年たちに連行された。

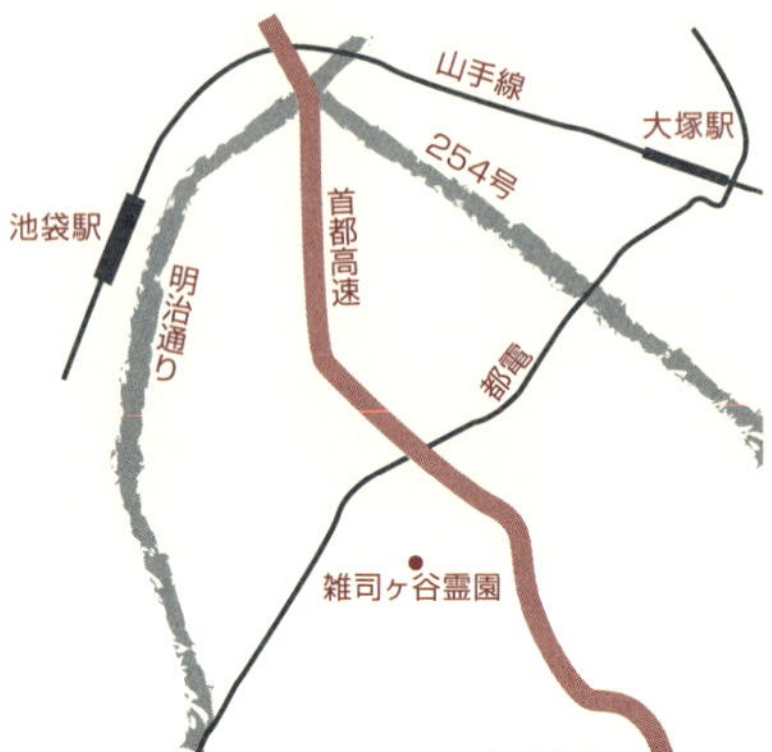

「警察に行っても話にならない。明日殺すんだ、今日殺すんだ、という話ばかり。信じなければいけないわけは、半分死んだような人を新しく入れてくるんだ。あ、これは私も殺されると思った。あんまり殴られて、いま（89年）は腰がいたくて階段も登れない」（李さん）

一週間から9日して「君の家はそのままあるから、帰りたければ帰れ」と言われた。不安だったが、安全だからと晩の6時ごろ出された。池袋あたりまできて道に迷ったが、普通の人間に聞いたら大変な目にあう。わざわざ娘さんに聞いたが、教えてくれてから、「あそこに朝鮮人がいく！」と叫んだ。青年たちが追いかけてきたが、李さんは早足で行くしかない。「朝鮮人が行く！」。その声が大きく聞こえる。（中略）

目についた交番に飛び込んで巡査にしがみついた。青年たちは交番のなかでも李さんをこづき、蹴飛ばした。警察官にも殴られた。大塚警察署でもらった風邪薬が発見されると、今度は毒薬だということになった。飲んでみせるとやっと信用され、帰された。自分の村に着くと、近所の娘さんたちが「よく無事で」と、フロを沸かしたり夕食を作ってくれた。

『風よ鳳仙花の歌をはこべ』

当時、東京物理学校（現・東京理科大学）の学生だった李性求《イ・ソング》の経験である。後に朝鮮に戻って教職についてからも、後ろから生徒が走ってくる音が聴こえると身体が硬直したという。

先に引き続き、「関東大震災時に虐殺された朝鮮人の遺骨を発掘し追悼する会」が韓国で聞き取りした証言である。ほかにもいくつかの証言が掲載されているが、ここではひとつだけ紹介する。

婚約中の夫（都相鳳画伯）をおって来日した羅祥允《ナ・サンユン》さんは当時20歳だった。本郷区弓町の栄楽館という高級下宿にいた。主人がいちばん奥の部屋に隠してくれ、宿泊人名簿を見せろと青年団がきても、追いかえしてくれた。つきあいもなかったが、近所の日本人の奥さんも「外に出ると危険だから」と、缶詰などを買ってきてくれた。（中略）

下宿の窓から外をうかがったとき、前の道を金剛杖のようなものをもって通る青年たちの声が聞こえた。神田で朝鮮人妊婦の腹を刺したら「アボジ（韓国語でお父さんの意）、アボジ」と叫んだ、「アボジって何のことだろう」と笑いながら話していたという。

『風よ鳳仙花の歌をはこべ』

1923年　9月
喜平橋［東京都小平市］

武蔵野の森の奥で

地震の後には必ず火事が付き物。当然、関東大震災のときも東京は火災が発生して東京中が火の海と化して、9月1日の夜は小平からも東の空が真赤に見え炎がメラメラ燃え上がるのも見えるほどだった。当時の東京は殆んど木造平屋の燃えやすい建物であった為、忽ち東京中が火の海になったのである。次の日9月2日になってもまだ東の空が夕焼けのように真赤に見えたほどだった。

この時、誰が何処で言い出したのか大変なデマが飛んで「外国人が川の中へ毒を投げ入れたから水が飲めなくなった」とか、東京に火を点けたのは○○外国人だとか、とんでもないデマが飛び大騒ぎとなった。もうすぐ

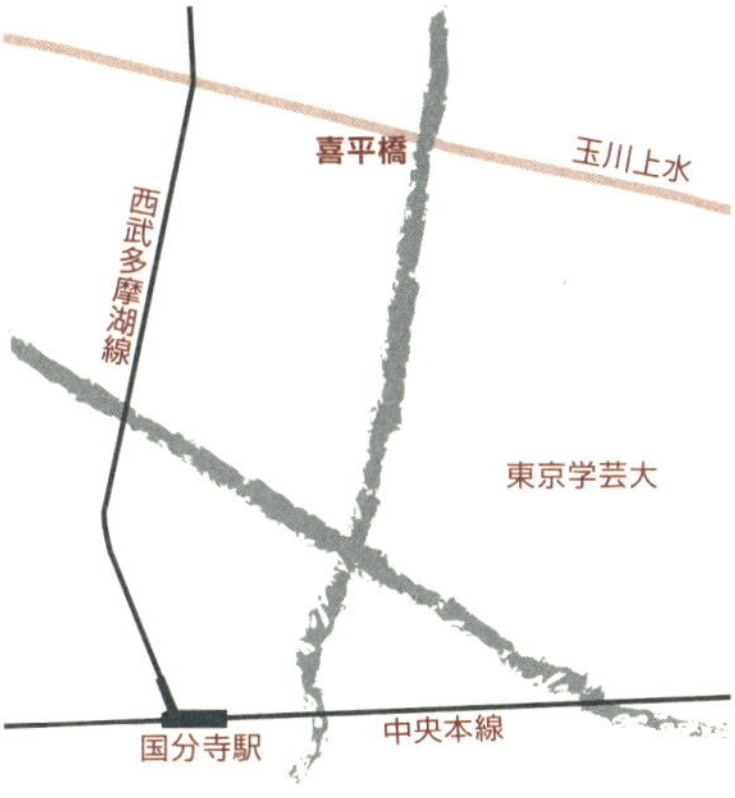

その連中が小平に押し寄せて来るという騒ぎになり大変なパニックになってしまった。何とか食い止めなければということで回田新田の大人はみんな集まれということになり、各自竹槍、鎌、鍬等を手に茜屋橋に集まったという。山家、野中の人達は喜平橋に、上鈴木の人達は久衛門橋にということで、今日も明日も明後日も毎日待機をしていたそうである。

その後この件でどんな犠牲が出たのか出なかったのか分からない。

神山金作『ふるさと昔ばなし第1号』

喜平橋、茜屋橋、久衛門橋は小平市内、五日市街道に沿って流れる玉川上水にかかる橋。中央線の国分寺駅から北へ2キロ弱、北上したあたりにある。当時は東京府北多摩郡小平村。西武線が通り、宅地が切り開かれていくのは昭和に入ってからで、この当時はまだ農村であった。人口約6000人。都心の混乱から遠く離れた、森深いこの小平村にさえ、自警団が結成されたのである。府中署、八王子署、青梅署といった警察署の後日の報告を見ると、これらの地域でも、人々が朝鮮人の攻撃を恐れて山林に逃げ込み、自警団を結成して武装し、「朝鮮人が吉祥寺巡査駐在所を襲う」「朝鮮人と社会主義者が八王子に大挙して押し寄せてくる」といった流言に右往左往していたことが分かる。

関東大震災時の朝鮮人虐殺は、東京東部のごく狭い地域で起こったことだと思っている人が多い。だが実際には、東京西部（当時の郡部）でも自警団は結成され、朝鮮人への迫害も起きている。記録に残る殺害件数は確かに少ないが、これは当時、この地域の人口自体が少なかったからにすぎないのかもしれない。もちろん、記録に残っていない殺人があった可能性は大いにある。

独立新聞社特派員による調査では中野1人、世田谷3人、府中2人死亡となっている。一方、起訴された事件を司法省がまとめたものなどで見ると、東京西部地域の死亡者は世田谷・太子堂1、千歳烏山1。日本人を朝鮮人と誤認して殺害したのは品川3、四谷1、広尾1（地名は現在のもの）。

以下に、東京西部地域を知る人にとってなじみの深い地域の警察署の流言関連報告から少しずつ紹介しておく。ただし、警察署の自己評価であるため、どの報告でも、警察は暴行や殺害を止める冷静沈着なヒーローとなっている。事実は必ずしもそうではなかったことは、すでに書いてきたとおりである（読みやすさを考慮して一部の漢字を開いてある）。

淀橋警察署（現在の新宿警察署）

「早稲田において鮮人4名が放火せるを発見せしがそのうち2名は戸山ヶ原より大久保方面に遁入せり」との報告に接す、是に警戒及び捜査のため巡査5名を同方面に派遣せしが、いくらもなく、又「鮮人等があるいは放火し、あるいは爆弾を投じ、あるいは毒薬を撒布す」の流言盛んに行はれて、鮮人の迫害随所に演ぜられ、之を本署に同行するものまた少なからず。

中野警察署

即ちその（朝鮮人暴動の）訛伝（誤報）、蜚語（流言）に過ぎざる事を民衆に宣伝し、人心の安定を図るに努めたるにもかかわらず、容易に之を信ぜず、かえって悪化の傾向ありし。

渋谷警察署

然れども民衆は固く鮮人の暴行を信じて疑はず、遂に良民と鮮人と誤解して世田谷附近において銃殺するの惨劇を演ずるに至り騒擾ようやくはなはだしく、流言また次第に拡大せられ、同3日には「鮮人等毒薬を井戸に投じたり」と云ひ、果ては「中渋谷某の井戸に毒薬を投ぜり」とて之を告訴するものありたれども就きて之を検するにまた事実にあらず…自警団の警戒また激越となり、戒凶器を携へて所在に徘徊し…挙動不審と認められるものはただちに迫害せらるるなど粗暴の行為少なからず。

（文中の世田谷の殺害事件は、司法省の報告書の表にはこう記録されている。日時：9月2日午後5時。場所：〈東京〉府下世田ヶ谷町大字太子堂425附近道路。犯人氏名：小林隆三。被害者氏名：鮮人（氏名不詳）。罪名：殺人。犯罪事実：猟銃を以て頭部を撃ち殺害す）

世田ヶ谷警察署

鮮人を本署に拉致するもの2日の午後8時において既に120名に及べり。（中略）4日に至りて鮮人、三軒茶屋に放火せりとの報告に接し、ただちに之を調査すれど、犯人は鮮人にあらずして家僕（使用人）が主家の物置に放火せるなり。

板橋警察署

本署は鮮人に対して外出の中止を慫慂《しょうよう》し（勧め）、以て其危険を予防せしも、民衆の感情は次第に興奮し、遂に鮮人の住宅を襲撃するに至りしかば、専ら保護検束の手段を採り、是日十余名を本署に収容せり。

麻布六本木警察署

かくて自警団の成立を促し、之がために1名の通行人は鮮人と誤解せられ、霞町において群衆の殺害する所となれり。

赤坂青山警察署

同4日午後11時30分、青山南町5丁目裏通方面に方り、数ケ所より、警笛の起ると共に、銃声がしきりに聞こゆるに至りて鮮人の襲来と誤認し、一時騒擾を生じたりしが、その真相を究むれば、附近邸内なる（附近の屋敷の中の）、月下の樹影を鮮人と誤解して警戒者の空砲を放てるものなりき。

四谷警察署

鮮人に対する迫害、到る所に起れり。

小平・喜平橋

牛込早稲田警察署

早稲田・山吹町・鶴巻町方面においては、恐怖の余り家財を携へて避難するもの多し、是において署長自ら部下を率いて同地に赴き、民情の鎮撫に努め、かつ曰く「本日爆弾を携帯せりとて同行せる鮮人を調査するに爆弾と誤解せるものは缶詰、食料品に過ぎず、其の他の鮮人もまた遂に疑ふべきものなし、放火の事、けだし訛伝に出るなり」と。◉

◉各警察署報告は『現代史資料6』

1923年　9月12日　水曜日　未明
逆井橋［東京都江東区］

王希天、70年の「行方不明」

中隊長初めとして、王希天君を誘い、「お前の国の同胞が騒でるから、訓戒をあたえてくれ」と云うてつれだし、逆井橋の処の鉄橋の処にさしかかりしに、待機していた垣内中尉が来り、君等何処にゆくと、六中隊の将校の一行に云い、まあ一ぷくでもと休み、背より肩にかけ切りかけた。そして彼の顔面及手足等を切りこまさきて、服は焼きすててしまい、携帯の拾円七十銭の金と万年筆は奪ってしまった。（中略）

右の如きことは不法な行為だが、同権利に支配されている日本人でない、外交上不利のため余は黙している。

久保野茂次◉

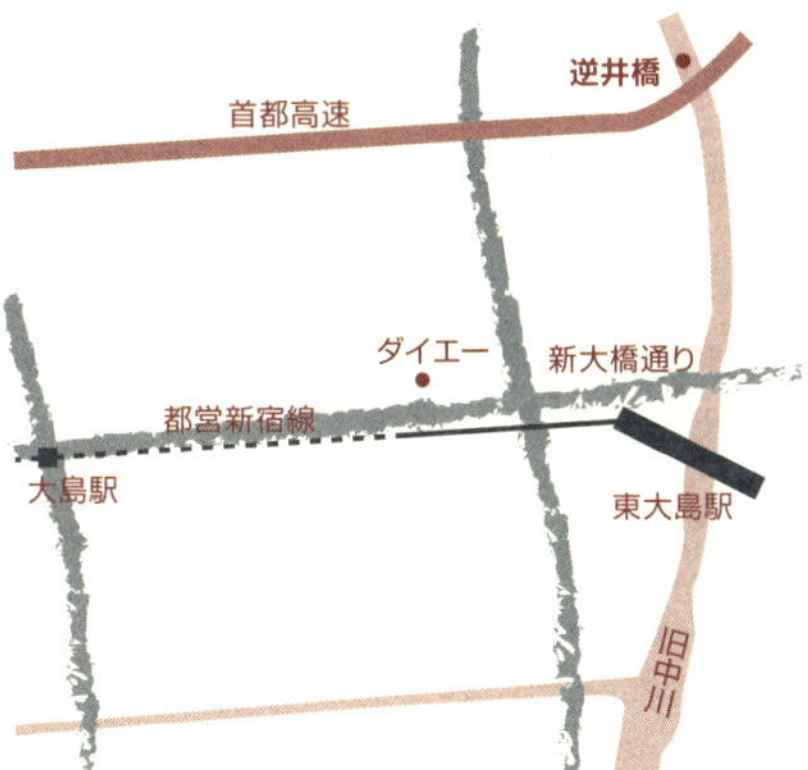

◉『歴史の真実　関東大震災と朝鮮人虐殺』

野戦重砲兵第3旅団第1連隊の第6中隊に属する一等兵、久保野茂次が１９２３年10月19日に記した日記の一部である。

逆井橋《さかさいばし》は旧中川にかかっている橋で、都営新宿線東大島《ひがしおおじま》駅から北に10分ほど歩いた所に今もかかっている。当時は木橋であった。

王希天は同年9月12日未明、この逆井橋のたもとで、第1連隊の中島大隊長副官の垣内八州夫中尉（終戦時、大佐）によって殺害された。殺害を指示したのは同連隊第6中隊長の佐々木兵吉大尉。金子直旅団長の黙認のもとに行われたものだ。遺体は中川に投げ捨てられた。

王希天は中国人留学生で、当時27歳だった。１８９６年8月5日、中国東北地方の吉林省長春市に皮革商品を扱う豊かな商人の息子として生まれ、対華21カ条要求が出された１９１５年、18歳で日本へ留学。一高在学中から学生運動に参加するようになり、日中両国を行き来して活動した。後に中国の首相となる周恩来［１８９８～１９７６］や救世軍の山室軍平《やまむろぐんぺい》［１８７２～１９４０］、牧師で社会運動家の賀川豊彦《かがわとよひこ》［１８８８～１９６０］などとも親交があった。

王は次第に、学生運動から進んで日本で弱い立場におかれていた中国人労働者の状況に関心を寄せるようになり、震災前年の22年9月、労働者を支援する「僑日共済会」を大島町3丁目に設立する。

「中国人はなぜ殺されたのか」（P59）で説明したように、大島には中国人の肉体労働者が集住していた。僑日共済会は、彼らのために診療所を開き、夜間学校を行い、博打《ばくち》やアヘンに浸る者が少なくなかった彼らに生活改善を呼びかけた。労働者たちは王に絶大な信頼を寄せ、博打道具を取り上げられても文句ひとつ言わなかったという。

こうして高まっていった団結を背景に、王は、日本人労働ブローカーが中国人に対して日常的に行っていた賃金不払いに抗議してブローカーとの交渉に乗り出し、賃金を支払わせる運動を開始する。王の活動は東京にとどまらず、全国に広がっていった。

王は鉄の闘士といったタイプではなく、思想的にも穏健で、裕福な家の出身らしい快活で楽天的な性格だったようだ。だがそんな彼が真正直に飛び込んでいったのは、底辺労働者の組織化という危険な領域だったといえる。だいぶ後の1980年代、山谷のドヤ街で日雇い労働者の労働運動を指導した山岡強一《やまおかきょういち》［1940〜1986］という人が暴力団に殺害されたことがある。こうした領域では、資本の欲望はむき出しに暴力的な姿を見せるものだ。実際、王希天は、労働ブローカーや労働運動を敵視する亀戸署の刑事たちに激しく憎まれた。ブローカーに短刀で脅されたこともあった。

9月1日、王は留学生が寄宿する神保町の中国青年会（YMCA）にいて、その後の数日間は留学生救援に奔走した。一段落ついた9日朝、彼はずっと気になっていた労働者の被災状況を確認するために、自転車に乗って大島に向かう。数百人の中国人が殺された事件から6日がたっていた。

大島に入った彼が、虐殺の事実にたどり着いたのかどうかはわからない。というのは、その日の午後には彼は軍に拘束されてしまったからだ。

軍は、捕らえた中国人が労働者に人望が厚い活動家であることを知り、習志野収容所への中国人移送に協力させることにした。夜は亀戸署に留置され、日中は軍の下で働く。強いられた結果ではあるが、王もまた、習志野移送について不当であっても唯一の保護策と考えたのだろう。それから数日間、「習志野に護送されても心配はない」と中国語で書いた掲示を貼り出すなど、積極的に協力している。

このとき、移送を担当していたのが佐々木大尉率いる第6中隊であり、その1人として王とともに働いた兵士が、冒頭の日記を書いた久保野一等兵だった。文学青年肌で軍組織になじめない22歳の彼は、少し年上でスマートな王に対して、すぐに好感を抱くようになった。

「いつもきちんと蝶ネクタイをしめた好男子。落ちついたらアメリカに留学すると楽しそうに話していた。無学なわれわれ（兵卒）は王希天君と呼んで尊敬していた。お茶もよく一緒に飲んで世間話をしたことを憶えている」

だが旅団の一部には、「王はさっさと殺したほうがよい」と強く主張する者たちがいた。その背景は分からない。だが9月3日の中国人虐殺の隠蔽をはかる軍、中国人の指導者を葬り去りたい労働ブローカー、亀戸署の3者の利害が、王の殺害で一致するのは確かだろう。王を解放すれば、また大島で余計なことをかぎまわるに違いないのだ。

軍が政府に提出した覚書には、殺害を現場で指導した佐々木大尉が、亀戸署の「巡査ノ1名」から「王希天ハ排日支那人ノ巨頭ナレバ注意セラレタシ」と告げられていたとある。王希天事件を調べた田原洋と仁木ふみ子はともに、事件の背景に警

王希天が殺された逆井橋

察と労働ブローカーから軍への働きかけを推測している。

こうして9月12日未明、王は殺害された。遺体は中川に投げ捨てられ、その後、当時まだ高価だった彼の自転車は「戦利品」と称して第6中隊の者が乗り回していた。12日の朝から姿を見なくなった王希天が実は殺害されていたことを久保野一等兵が知ったのは、逆井橋の現場で歩哨に立っていた兵士の口からであった。久保野は「よくも殺しやがったな。ふざけやがって、畜生」と激しい怒りをおぼえる。だが、下手なことを言えば営倉入りではすまない。佐々木大尉は彼の中隊長なのだ。実際、2カ月後の11月には、中隊長は講話で「震災の際、兵隊が沢山の鮮人を殺害したそのことにつきては、夢にも一切語ってはならない」と強調する。

「それについては、中隊長殿が殺せし支那人に有名なるものあるので、非常に恐れて、兵隊の口をとめてると一同は察した」◉

久保野は兵営でひそかにつけていた日記に、事件について聞いたことを書き残すことしかできなかった。

中国で労働者虐殺への非難と王の失踪への疑惑の声が高まり、政府の調査団が来日するに至り、軍はシナリオを用意する。9月12日未明、佐々木大尉に連行された王希天は大尉の独断で解放された、その後のことは軍も関知しない、というものである。

「しかして翌12日午前3時、（佐々木大尉は）亀戸警察署より王希天を受領し、亀戸町東洋モスリン株式会社に在りたる右旅団司令部に同行の途中、種々取調べをなしたるところ、王希天は相当の教育もあり、元支那の名望家にて在京の支那人中に知ら

◉久保野日記1923年11月28日（『歴史の真実　関東大震災と朝鮮人虐殺』収録）

れおり、何等危険なき者と認めたるにより、旅団司令部に連れ行き厳重なる手続きをなすよりは、此のまま放置するを可なりと考え、本人に対し『習志野に行くことを嫌っている様であり、また教育もあるのであるから十分注意して間違いをせぬ様にせよ、自分が責任を負い逃がしてやる』と告げたれば本人も非常に悦びたり。よって同日午前4時30分ごろ前記会社西北約千米の電車線路附近に於て同人を放置したるに、東方小松川町方面に向かい立去りたり」●

政府もまた、関係5大臣の協議で「徹底的ニ隠蔽スルノ外《ほか》ナシ」として、正式に王希天事件と中国労働者虐殺事件の隠蔽を決定した。

王希天はこうして長い間、「行方不明」のままで歴史のなかに消えてしまう。

事件の真相が少しずつ隠蔽の底から浮かび上がってくるのは戦後のことだ。最初に、第3旅団で事件の事後処理を行った遠藤三郎大尉（終戦時、陸軍中将）が、王希天が軍によって殺害されたことを明らかにした。そして1970年代、70歳を越えていた久保野茂次が当時の日記を公表する。彼は兵役を終えてからも抹殺を恐れてこれを隠し、大切に保管してきた。

「あれ以来、そのことが私の脳裏から消えなかった。永い間、私の念願だった王希天の最後の模様を、是非、王の家族に伝えて、成仏させてやりたい」●●

そして1980年代初め、ジャーナリストの田原洋が、王を斬った垣内八州夫中尉（終戦時、大佐）を探し当て、本人の口から事実が明らかにされるに至った。垣内は、誰を斬ったのかそのときは知らなかった、可哀そうなことをした、中川の鉄橋を渡るときいつも思い出していた、と後悔の言葉を口にする。

● 戒厳司令部から外務大臣に提出された覚書。『関東大震災と王希天事件』原文カタカナ

●● 『いわれなく殺された人々』

1990年、王希天と中国人労働者の死の真相を調べた仁木ふみ子が、王希天の息子を探し出し、事件の真相を伝える。医師としての人生を送り、すでに老齢の域に達していた息子は「やはりそうでしたか」とがっくりと肩を落としたという。

王希天の死から約70年が経っていた。

第3章
あの9月を生きた人々

あまりにもひどい光景だった
ノンフィクション作家・保阪正康の父が生きた人生

「これから言うことはよく聞いてほしい。あなたに伝えることで私もやっと背負っている重荷から解放されることになる」
保阪正康『風来記　わが昭和史（1）青春の巻』平凡社）

『風来記』は、ノンフィクション作家の保阪正康《ほさかまさやす》［1939～］が、その道にたどり着くまでの自らの前半生を中心につづったものだ。軸となるのは、父との相克である。

数学教師だった彼の父は、酒も飲まず、人付き合いを好まなかった。家族に対してさえ距離をとり、息子に対しては非常に抑圧的な父であった。保阪は父に「医者になれ」「教師になれ」「他人を信じるな」と命じられて育つ。人間を善意ではなく、不信の目で見る父の世界観に対して、戦後民主主義のもとで成長した保阪少年は反発し、しだいに父が嫌った文学や演劇の世界へと傾斜していく。

一方で父は、謎めいた人だった。自分の生い立ちや親族のことなどを、家族にもほとんど話すことがなかった。その父が意外な表情を見せたのは、根室に住んでいて経験した、1952年の十勝沖地震のときだ。いつも家族に命令を下していた父だったが、このときは余震のたびに顔面蒼白となり、怯えて地面に座り込んでしまったのである。そしてこのとき、さらに奇妙な行動をとるのだが、そのことは保阪の心に生涯、強烈な印象を残す。

この権威的で謎めいた父を憎み、反発し、そしてその呪縛から離れていく保阪の歩みが『風来記』の軸なのだが、その父の謎の原点が明かされるのが、冒頭に引用した父の言葉からのくだりである。1984年、父はガンで余命6カ月の宣告を受けていた。このとき父は75歳、保阪は45歳になっていた。

二人きりとなった病室で、父は語りだす。「あの日、9月1日は土曜日だった」。

1923年9月1日、彼は中学1年生だった。彼の父（正康の祖父）は結核治療にあたる医者であった。これは当時、本人にも家族にも感染する可能性がある、非常にリスクの高い仕事であり、実際、そのために彼の兄と姉は亡くなった。震災時は横浜で、父子二人で暮らしていた。

激しい揺れに襲われたのは、夏休みの宿題である作文を書くために机に向かっていたときだ。近所でも家が倒壊し、人々が家族で避難していくなか、彼は家に一人取り残されていた。彼は父の働く済生会病院に行こうと、街に向かう。

横浜は震源地に近かったため、建物の倒壊が激しかった。とくに横浜に多いレンガ造りの建物はあっけなく崩壊した。横浜地方裁判所では裁判官、弁護士、検事、被告ら、あわせて100人以上が圧死したという。加えて火災も広がり、市街地の8割が焼失するに至った。死者数で見ると、横浜の被災率は東京の2倍近い。

瓦礫の荒野となった横浜の街を歩き続けていたとき、彼は路上に倒れた青年に足をつかまれる。水がほしいと訴えるその青年に井戸から水を汲んで与えると、青年は「謝々」と礼を言った。「私は上海から来た留学生の王…です」。

次の瞬間、彼は誰かに後ろから棒で頭を殴られる。振り向くと5、6人の若者が恐ろしい表情で立っていた。「中国人に水なんか飲ませるな」と怒鳴ると、彼らは中国人青年を棒で殴り始める。そしてついには小刀で腹を割いて殺してしまったのである。もう中国人や朝鮮人に水を飲ませるな、と言い残して、彼らは去っていった。

その後のことは思い出せないが、怖くなって家に帰ったのかもしれない、という。家の中で呆然としていると、数日後、病院の同僚がやってきて、父の死を伝えた。彼は天涯孤独の身となったのである。

「もう私は、今日話したようなことは口にすることはない。もしあなたが日本の近代のことを調べているのなら、大正12年9月のあの関東大震災のときに上海から横浜に来ていた王さんという留学生のことを調べて、上海の肉親に会ってほしい。王さんは地震で死んだと言うだけでいい。それを看取った中学生がいたと伝えてほしい。あれはあまりにもひどい光景だった。その記憶から逃れるために、私はどれだけ苦労したか。人間があいう残虐さをもっていることがどうしても信じられないのだ」

「私はあのときから横浜には二度と足を踏み入れていない。なぜなら怖くて怖くて横浜には行けないんだ」「あの関東大震災は私の人生を大きく変えた。結核と地震。私の人生はこの二つで根底から崩れた」「医者になれ、と強制的に言ったのは、そういう私の悔しさがあったからだ」

保阪の父は、それから半年ほどして亡くなった。

横浜は、朝鮮人暴動という流言のもっとも大きな発生源であったから、虐殺も酸鼻を極めたようだ。朝鮮人関連の報道が解禁された翌日の10月21日、新聞各紙はその模様を大きく伝えている。

「9月1日夜から4日まで横浜市内は血みどろの混乱状態／市内だけで判明した鮮人死体は44名でこのほか土中、河、海に投げ捨てたものを入れると140、150名を下らず、間違へられて殺された日本人さへ30余名あるといふ」「50余の鮮人は死体となつて鉄道線路に遺棄された。これを手初めに或ひは火中に投ぜられ海に投げ込まれたのも多数で神奈川の某会社の○○○○（原文伏字）80余名は無残一夜で全滅」（読

売新聞　1923年10月21日）

朝鮮総督府警保局の内部報告書でも、東京出張員の内査の結果として、神奈川での朝鮮人被殺者180人という数字を出している。だが、朝鮮人殺害の罪で起訴されたのは神奈川県全体でたったの1件で、その被害者数は2人にすぎない。

保阪の父が目撃した通り、朝鮮人だけでなく、神奈川県では中国人も多数殺された。中国側の調査は、県内の被害者数を死者79人、負傷者21人と伝えている。だが、中国人殺害についても、起訴されたのは1件だけで、その死者数は3人であった。

中学生の目の前で行われた殺人と、その直後に知った父の死の衝撃が、彼の人生にどれだけ影を落とし続けたか、想像に難くない。それ自体、残酷なことである。だが正直に告白すれば、「人間があゝいう残虐さをもっていることがどうしても信じられない」と心の傷を告白し、中国人青年を悼む彼に、私はわずかに救われた気がした。震災時の記録には、あまりにも無造作、無感情に殺す人々が無数に登場するからだ。目の前の残虐な殺人が、少年の心に一生消えない傷を与えたとすれば、それは逆説的に人間性の実在を証明しているような気がするのだ。

「鮮人の頭だけがころがって居ました」

子どもたちの見た朝鮮人虐殺

「ウチノ山ニ〇〇〇〇〇〇ジンガスコシスンデキマシタガ　七十七バンチノセイネンダンガキテ　ソノ〇〇〇〇〇ジンヲコロシテシマイマシタ」

（本郷区・尋常小学校1年男児）

「お父さんはざいがう軍人のなかまで〇〇〇〇人をころすので私やお母さんや、おばあちやんや、よね子や、とみ子などはお父さんにわかれました」

（深川区・同2年女児）

「朝鮮人がころされているといふので私わ行ちやんと二人で見にいつた。すると道のわきに二人ころされていた。こわいものみたさにそばによつてみた。すると頭わはれて血みどりになつてしやつわ血でそまつていた。皆んなわ竹の棒で頭をつついて『にくらしいやつだこいつがいふべあばれたやつだ』とさもにくにくしげにつばきをひきかけていつてしまつた」

（横浜市・高等小学校1年【現在の中学1年】女児）

「夜は又朝鮮人のさはぎなので驚ろきました私たちは三尺余りの棒を持つて其の先へくぎを付けて居ました。それから方方へ行つて見ますと鮮人の頭だけがころがつて居ました。わすれたがあのだいろくの原と云ふ所は二百人に死んでいたと云ふことであつた」

（同1年女児）

「三日になると朝鮮人騒となつて皆竹やりを持たり刀を持たりしてあるき廻つてた。其をして朝鮮人を見るとすぐ殺し（す）ので大騒になった。其れで朝鮮人が殺されて川へ流れてくる様を見ると、きび（きみ）の悪いほどである」

（同1年男児）

「朝おきてみると、近所の子共が『朝鮮人が交番にしばられているから 見にいかないか』と大きな声でいつていました。君江さんは、私しに『見にいかないか』といつたので、私はいやともいへないので、じやあゆきませう。いつて見ると、朝鮮人は電信にいはいつけられて、真青な顔をしていました。よその人わ、『こいつにくたらしい人だといつて』竹棒で頭をぶつたので、朝鮮人はぐつたりと、下へ頭をさげてしまいました。わきにいた人は、ぶつてばかりいてはいけない、ちやんと、わけを、きいてからでなければいけないと言つていました。朝鮮人は頭お上げながら、かく物を、くれと、手まねしていました。君江さんは、もうかへらないかといわれたので、じやあ帰りませう、といひながら（後略）」

（同高等小学校1年女児）

「後から『待て待て』と云ふ声がした。其の人がふりむくと『お前は朝鮮だらう』と云つて身がまへをした。其の人は『私は日本人ですよ』と云つた。『何嘘を云ふな』と云いつつ其の人の頭をゴルプの道具でうつてかかつた。其の人の頭からはだくだくと生々しい血が流れ出た。其の人は『いたい』と云つてどん〳〵逃げてるつた」（同高等小学校2年女児）

「歩いて居ると朝鮮人が立木にゆはかれ竹槍で腹をぶつぶつさられ（刺され）のこぎりで切られてしまひました」（同小学校男児）

以上は、震災から半年の間に書かれた、子どもの作文の一部である（作文中の○○○…は原文〔「東京市立小学校児童震災記念文集」〕の伏せ字）。

琴秉洞《クム・ビョンドン》編『朝鮮人虐殺関連児童証言史料』（緑蔭書房）は、震災経験を書いた当時の児童の作文のうち、朝鮮人虐殺にふれているものを集めた大部な本だ。原文では学校や児童の名前が入っているが、ここでは省いた。

読み進むと、これまでに読んだ様々な証言以上に、こちらの心が重くなってくる。

ひとつには、あまりにも大量に、造作なく、「死んでいました」「殺してしまいました」といった描写が子どもの作文中に出てくることの衝撃と嫌悪。

もうひとつには、これほどたくさんの子どもたちが無造作に書くほどに、当時、朝鮮人の殺害が珍しくなかった事実を思い知らされること。普通、子どもが学校で「お父さんは人殺しに行きました」と作文に書いたら周囲は騒然となるはずである。学校は警察に相談するだろう。

三つ目は、そこに朝鮮人への同情や虐殺への疑問がうかがえる表現がほとんどないことだ。それどころか、こんな作文もある。

「するとみなさんがたが朝鮮人をつついていましたからは（わ）たくしも一ぺんつついてやりましたらきゆうとしんでしまひました」（横浜市尋常小学校4年男児）

この一文を、私たちはどう受けとめるべきなのか。

この本のなかで編者の琴秉洞が唯一、「救われたような気持ちになった」と記すのは、横浜市寿小学校の高等小学校1年、榊原八重子さんの作文である。長いので、ここでは結びだけ紹介する。

「東の空がだんだん白らんで来る頃、私は松山へ行こうと思つて足をはやめた。寿けいさつの前を通りこそうと思うと、門内からうむうむとうめき声が聞こえて来た。（中略）うむうむとうなっているのは、五、六人の人が木にゆわかれ、顔なぞはめちゃくちゃで目も口もなく、ただ胸のあたりがぴくぴくと動いているだけであった。

私はいくら朝鮮人が悪い事をしたというが、なんだかしんじようと思ってもしんじる事はできなかつた。其の日けいさつのにわでうめいていた人は今何地《どこ》にいるのであろうか」

彼女がこの光景を目撃したのは明け方のことである。その数時間前、植木屋の庭に避難していた彼女の家族の前に1人の朝鮮人が逃げてきて、助けを求めた。「私朝鮮人あります。らんぼうしません」と彼は訴え、何度も頭を下げる。だがすぐに自警団が追いつき、彼は連れて行かれてしまった。

その姿を見送ったあと、彼女は一睡もできずに明け方を迎え、寿警察署前を通りかかったのである。琴秉洞は「なろうことなら、大人たちにこの八重子さんの聡明さと優しさの何分の一かが欲しかった」と嘆じる。
最後にもうひとつ、児童の作文を名前入りで紹介する。深川区霊岸尋常小学校3年生。彼女の名前は「鄭チヨ」、言うまでもなく、朝鮮人である。

こまつた事／鄭チヨ

（前略）もうここまでは（火が）こないと安心して、その晩は外でねました。あくる日の朝どての所へこやをこしらへてゐると、あつちこつちから丸太を持つた人が来ておとうさんや家にいたしよくにんたちをしばつてけいさつにゆきました。そしてあしたかへしてやるといつてなかなかかへしてくれませんでした。そのばんはお母さんとにげる時、ひろつた赤ちやんと、家にいた男の子と私と四人でさびしがつてゐました。

すると又しらない男の人が小屋の中にはいつて来て、お前等は○○の女ではないかといひました。お母さんがさうですといひましたら、きさまらころすぞといひました。そしておこりました。私はしんぱいでなき乍《なが》らなんべんもあやまりました。そんなら女の事だからゆるしてやるといつて行きました。よろこんでけいさつにいつてお父さんのいつているならしの（習志野）といふ処へつれていつてもらひました。

お父さんはみんなは死んだと思つてゐましたから、大へんよろこびました。それからみんな東京へ送つてもらいました。

「なき乍《なが》らなんべんもあやまりました」の部分に胸苦しさを感じる。彼女にそんなことをさせてはいけなかったのだ。

付記

鄭チヨの作文中に「ひろつた赤ちゃん」と一緒にいたという不思議なくだりがあるが、これと符合する記事が東京日日新聞1923年9月28日付に残っている。

「趙春玉（32）は本所海辺町323番地先で1日午後1時ごろ『ぢつと待つてゐて下さい』と頼まれた20歳ばかりの通行日本婦人の嬰児（生後2カ月）を引取人がないためそのまま自分の子として鄭世復と名付けて可愛がつてゐる。【戒厳司令部の】山梨司令官も『感心なものだなア』と目をほそくしてよろこんだ。砂村【現・砂町】の方まで避難したが鮮人だといふので危険となり遂に収容所に保護されたのだといふ」（【　】内は筆者による）

間違えられた日本人「千田是也」を生んだ出来事

1923年9月2日の夜。19歳の演劇青年、伊藤国夫は興奮していた。軍が多摩川沿いに展開し、神奈川県方面から北上してきた「不逞鮮人」集団を迎え撃って激突しているという噂を耳にしたからだ。戦場は遠からずこの千駄ヶ谷まで拡大してくるに違いない。彼は二階の長持の底から先祖伝来の短刀を持ち出し、いつでも使えるように便所の小窓の下に隠しておいて、隣家の人とともに家の前で杖を握って「警備」についた。

だが、いつまでたっても何も始まらない。業を煮やした彼は、千駄ヶ谷駅近くの線路の土手に登って「敵情視察」を試みる。すると闇の奥から「鮮人だ、鮮人だ！」という叫び声が聞こえるではないか。さらに、こちらに向かっていくつもの提灯が近づいてくる。朝鮮人を追っているのだろう。よし、はさみ撃ちにしてやろう。伊藤は提灯の方向にまっしぐらに走り出した。

そっちへ走って行くと、いきなり腰のあたりをガーンとやられた。あわてて向きなおると、雲つくばかりの大男がステッキをふりかざして「イタア、イタア」と叫んでいる。登山杖をかまえて後ずさりしながら「ちがうよ！…ちがいますったら！」といくら弁解しても相手は聞こうともせず、ステッキをめったやたらに振りまわしながら「センジンダア、センジンダア！」とわめきつづける。
そのうち提灯たちが集まって来て、ぐるりと私たちを取りまいた。見ると、わめいている大男は、千駄ヶ谷駅前に住む白系ロシア人（ロシア革命時に日本に亡命してきたロシア人）の羅紗売りだった。そっちは朝鮮人でないことは一目でわかるのだが、私の方はそうは行かない。その証拠に、棍棒だの木剣だの竹槍だの薪割だのをもった、これも日本人だか朝鮮人だか見分けのつきにくい連中が、「畜生、白状しろ」「ふてえ野郎だ、国籍をいえ」「うそをぬかすと、叩き殺すぞ」と私をこづきまわすのである。「いえ、日本人です。そのすぐ先に住んでいるイトウ・クニオです。この通り早稲田の学生です」と学生証を見せても一向ききいれない。そして薪割りを私の頭の上に振りかざしながら「アイウエオ」をいってみろだの、「教育勅語」を暗誦しろだのという。まあ、この二つはどうやら及第したが歴代の天皇の名をいえというにはよわった。◉

この直後、自警団のなかにいた近所の人が彼に気づき、伊藤は怪我もせずにすんだ。彼は後に、この日の出来事にちなんで「千田是也《せんだこれや》」という芸名を名乗るようになる。千駄ヶ谷のコリアンという意味である。千田是也はその後、俳優座を立ち上げるなど、演出家、俳優として成功し、90歳で亡くなった。

彼は運がよかった。当時、朝鮮人に間違えられて殺された日本人や中国人は数多くいる。

司法省の報告では、朝鮮人に間違えられて殺された日本人は58人。これは犯人が逮捕され、司法手続きの対象となっているものを数えているだけなので、実際にはもっと多くの人が殺されているだろう。

この報告に記録されている殺害方法は実に残酷だ。たとえば「竹槍、鳶口及び棒を以て乱打し日本刀にて斬付け又は足蹴して」、あるいは「河中にて日本刀を以て後頭部を斬付」け、あるいは「帆桁《ほげた》薪棍柄を以て頭部腰部を殴打し水中に溺死せしめて」、「群衆と共に石塊を投付け」て、「木剣、金熊手、バット等を以て殴打」し、「針金にて後手に縛し竹の棒、鳶口等」で、という具合。

日本人殺害事件で最も有名なのは千葉県で起きた福田村事件である。香川県から薬の行商にやってきた親族集団が、朝鮮人と間違われて襲撃を受け、鳶口や棍棒で刺されたり殴られたりしたあげく、8人が利根川に投げ込まれて溺死させられ、逃げた1人が斬り殺された事件である。1923年11月29日付の東京日日新聞は「被害者、売薬商人の妻が渡船場の水中に逃げのび乳まで水の達する所で赤児をだきあげ『助けてくれ』と悲鳴をあげていた」と報じている。

浦安では「日本語がうまくしゃべれず殺された」沖縄県人がいたという証言もある。

当時の政府は、これらの日本人殺害について、朝鮮人虐殺という問題の本質をぼやかす方向で積極的に宣伝しようとした気配がある。政府の臨時震災救護事務局が極秘でまとめた「鮮人問題に関する協定」(1923年9月5日)は、メディアに対してどのように「事実の真相」を伝えるかをまとめたものだが、その中にこんな一文がある。

「朝鮮人にして混雑の際危害を受けたるもの少数あるべきも、内地人(日本人)も同様の危害を蒙りたるもの多数あり。皆混乱の際に生じたるものにして、鮮人に対しことさらに大なる危害を加えたる事実なし」

これは詭弁である。日本人被害者は、朝鮮人に間違えられたからこそ殺されたのだ。言いかえれば、犯人は、相手を朝鮮人と思って殺したのである。この言い分では、まるで殺された中にたまたま朝鮮人もいただけであるかのようだ。朝鮮人も日本人も同様に混乱の犠牲になった、というまとめ方は事実に反する。

また、紹介した残酷な殺害方法も、「朝鮮人だと思った」相手に向けられたものである。つまり、はるかに多くの朝鮮人が、同様に残酷な方法で殺されたことを意味している。

もうひとつ、千田是也のエピソードで見落としてはならないのは、彼はそもそも短刀や杖を武器に、倒すべき「不逞鮮人」を求めて走っていったということだ。たまたまぶつかったのがロシア人であったために（そして知人が居合わせたために）笑い話に終わったが、ぶつかったのが本物の朝鮮人だったらどうなっただろうか。千田は語る。

「あるいは私も加害者になっていたかも知れない。その自戒をこめて、センダ・コレヤ。つまり千駄ヶ谷のコレヤン（Korean）という芸名をつけたのである」●●●●

● 千田是也「わが家の人形芝居」『テアトロ』1961年5号。『関東大震災における朝鮮人虐殺の真相と実態』より重引

●● 『いわれなく殺された人びと』

●●● 『歴史の真実　関東大震災と朝鮮人虐殺』

●●●● 『決定版　昭和史4』

75年後に掘り出された遺骨
習志野収容所で殺された人々

八日　太左ェ門の富治に車で野菜と正伯から米を付けて行って貰《もら》ふにする　小石川に二斗　本郷に二斗　麻布に二斗　朝三時頃出発。　又鮮人を貰ひに行く　九時頃に至り二人貰ってくる　都合五人（ナギノ原山番ノ墓場の有場所）へ穴を掘り座せて首を切る事に決定。　第一番邦光スパリと見事に首が切れた。　第二番啓次ボクリと是は中バしか切れぬ。　第三番高治首の皮が少し残った。　第四番光雄、　邦光の切った刀で見事コロリと行った。　第五番吉之助力足らず中バしか切れぬ二太刀切。　穴の中に入れて埋め仕舞ふ　皆労《つか》れたらしく皆其此《そこ》此処に寝て居る　夜になるとまた各持場の警戒線に付く。◎

千葉県八千代市高津地区のある住民が残した日記である。　1923年9月8日、　村人が朝鮮人を斬殺した日のことを記している。　この犠牲者たちは、　ほかの事例のように自警団の検問で捕まったのではない。　軍によって習志野収容所で「保護」されていたはずの人々である。　軍はひそかに収容所から朝鮮人を連れ出し、　高津、　大和田、　大和田新田、　萱田など、　周辺の村の人々に朝鮮人の殺害を行わせていたのだ。

すでに書いたように、　9月4日、　戒厳司令部では東京付近の朝鮮人を習志野の捕虜収容所などいくつかの施設に収容し「保護」する方針を決定した。これ以上、自警団による殺害が続けば、国際的な非難も受けるであろうし、日本の朝鮮支配をも動揺させることを恐れたのだ。

自警団ではなく、何の落ち度もない被害者である朝鮮人の自由を拘束するのは、明らかに不当である。それでも、これによって暴徒化した群衆から守られることだけは確かなはずであった。現に、先に紹介した鄭チョの一家などは、その後無事に帰って来ている。3000人以上の朝鮮人を収容した習志野収容所は、およそ2カ月後の10月末に閉鎖された。

ところがその間、収容所では不可解なことが起きていた。船橋警察署巡査部長として、習志野収容所への護送者や収容人員について毎日、記録していた渡辺良雄は、「1日に2人か3人ぐらいづつ足りなくなる」ことに気がつく。収容所付近の駐在を問いただしたところ、どうも軍が地元の自警団に殺させているのではないかという。

収容される側にいた申鴻湜《シン・ホンシク》(当時18歳・学生)もまた、腑に落ちない体験をしていた。収容所内にありながら朝鮮人の自治活動を組織していたのだが、ともに活動する仲間が拡声器で呼ばれて、そのまま帰って来ないということが繰り返されたのである。軍人に聞くと、「昔の知り合いが訪ねてきた」「親戚が来た」などと言う。だが何のあいさつもないのは妙だ。申は疑問を残したまま、収容所を後にすることになった。

軍が近所の村の人々に朝鮮人を殺害させていた事実が明らかになるのは、戦後のことである。姜徳相によれば、収容者数と出所者数累計の間に300人近くのずれがあるという。収容前の負傷によって死亡した人も多いと見られるが、このずれのなかに、恐らくはこうして殺害された人々がいる。姜は、「思想的に問題がある」と目された者が選び出されて殺されたのではないかと推測する。

殺害を行った村人の当時の心情は、残された記録や証言だけではつかみかねる。しかしその後、彼らは盆や彼岸には現場に線香を上げ、だんごを供えるなどして供養していたようだ。右の日記で殺害の現場として出てくる「なぎの原」には、いつの頃か、ひそかに卒塔婆が立てられた。

高津の古老たちが重い口を開くのは、1970年代後半のことである。きっかけは、習志野市の中学校の郷土史クラブの子どもたちによる聞き取り調査であった。聞き取りに訪れた子どもたちに、古老たちは当時のことを証言し始めたのだ。冒頭の日記も、中学生が当時のことを調べていると知った住民が「子どもたちには村の歴史を正しく伝えたい」と学校に持ち込んだものである。

同じ時期、船橋市を中心に朝鮮人虐殺の歴史を掘り起こす市民グループも結成され、その働きかけもあって、1982年9月23日、高津区民一同による大施餓鬼会《せがきえ》が行われる。なぎの原には、同地区の観音寺住職の手になる新しい卒塔婆が立った。そこには「一切我今皆懺悔」の文字が入っていた。

98年9月、高津区の総会は、「子や孫の代までこの問題を残してはならない」として、地区で積み立ててきた数百万円を使って現場を発掘することを決断する。父母や祖父母たちの行ったあやまちを認めることは決して簡単なことではない。観音寺住職らの粘り強い説得が受け入れられた結果だった。

8時間にわたってショベルで掘り進めると、果たして6人の遺骨があらわれた。警察の検視の結果、死後数十年が経っており、当時のものと確認された。その後、遺骨は観音寺に納められ、99年には境内に慰霊碑が建立される。同年1月12日付の朝日新聞は「心の中では、きちんと供養すべきだとみんな思っていた。時代が流れ、先人たちの行動よりも、軍に逆らえなかった当時の異常さが問題だった、と考え方が変わってきた」という古老の言葉を伝えている。

「あの朝鮮人たちに指一本ふれさせねえぞ」

隣人をかくまった村人たち

ところが、3丁目と馬込沢の自警団が凶器をもって「丸山に朝鮮人が二人いるが、あれを生かしておいてはならん」といって押しかけてきたんです。(中略)だから徳田安蔵だの富蔵だのの連中は「奴ら、今夜来るに相違ないが、来ても渡すまい。奴らが来ればすぐ殺されちゃう。悪いことしてない人間だし、村の人と愛情をともにしてた人間だから、いくら朝鮮人でも渡さない」ってね。(中略)

丸山の自警団は5～6人くらいで2人を守るため、鉢巻をしめて人数は少ないけど威厳をみせていたわけだ。彼らは40人くらい来たですよ。鉄砲もったり、刀もったり、槍もったりね。まわりに竹藪のある丘の高い所に丸山がいて、下に彼らがいるわけです。奴らは渡せという、こっちは渡さないという。(中略)

徳田オサムが先頭にたって「何も悪いことをしないのに殺すことはねえ、おめえたちには迷惑かけない。俺ら若いもんでもって警察に送り届けるからケエレ！」ってわけでね、やつは身体は小さかったが、けんかは強かったからね。そしたら向こうで「何オーこの！　テメエから先ブッ殺すゾォ」なんていいました。そしたら安蔵がね、あのころ45歳くらいだったかね。「殺すなら殺してみろ、テメェラがいくらがんばったって俺ら絶対に生命かけたって渡しゃしねえからな」「殺すなら俺こと先殺せ！」なんて言った。

その威厳に驚いて、これじゃしかたないと思ったのか、まさか日本人を殺すわけにいかないから、最後に「それじあお前たち、必ず警察に届けるか」「届ける！それくらいのこと何だ！あの朝鮮人たちに指一本でも触れさせねえぞ、おめえたちに殺す資格ネェだからなあ」と怒鳴り返した。とうとう奴ら「必ずめいわくかけねえなあ」なんていって、けんか別れになった。

その晩はみんなで交代で寝ずに2人の朝鮮人を番してたわけです。それは震災から4日だったか、その次の日船橋警察署に届けました。それから習志野の鉄条網かこった朝鮮人収容所ってところへ送られたということです。そこへ送られたものは憲兵が守ったらしい。

徳田慶蔵◉

丸山集落に住んでいた徳田慶蔵の証言である。当時24歳。

丸山集落は、現在の千葉県船橋市丸山。当時は法典村に属していた。住民は20戸程度で、整備された水田もない、小さく貧しい集落だった。土地をもっているのは2軒だけで、残りはみな、小作人だった。

丸山には、2年前から2人の朝鮮人がいた。日本名は「福田」と「木下」。2人とも大柄だったが福田はどっしりした体格で木下は細身だった。北総鉄道（現在の東武野田線）の建設工事で来ていた人々で、工事が終わったあとも、丸山にあったお堂を借りて住んでいたのである。2人は集落に溶け込んでいた。住民の武藤よしは、丸顔の福田が毎日のように武藤家に来ては話し込んでいったのをおぼえている。

「丸山から死人を出すな」「あの2人は奴らに渡さない」。集落の人々を説得し、団結させたのは、徳田安蔵（当時40歳前後）だ。間違っていると思えば村長でも怒鳴りつける正義感の強さで、丸山の人々に一目置かれていた。

1923年9月4日、船橋周辺では、自警団による朝鮮人虐殺が各地で繰り返された。もっとも規模が大きかったのは船橋駅北口付近で、38人が殺害された。安蔵はこの虐殺を目の当たりにしていた。幼い子どもが「アイゴー」と泣き叫んでいる姿が目に焼きついている、と晩年にも語っている。懇意にしている福田と木下があのように殺されるのを黙ってみていることはできなかった。

小さく貧しい丸山集落にとって、周辺集落の意向に逆らうのはあまりにも危険な行動だったはずだ。だが、丸山の人々は安蔵の言葉に共感して一丸となり、手に手にカマ、クワ、さらには「肥やしかき棒」まで握って、自警団の集落侵入を防いだのである。徳田慶蔵は後に、あのときなぜあんなことができたのか考えると不思議に思う、と語っている。

寝ずの番をして2人を守った翌日（5日ごろ?）、丸山の人々は2人を警察署に連れて行った。このまま集落で守り続けるのは不可能に思われたのだ。「送っていくときには、泣き別れでした」と武藤は語っている。

1年後、2人は元気な姿を見せに来た。「そんとき、ひょうきんな人が『おメェら、生命助かってメデテェだから、朝鮮の踊りみたことねえから、知ってたら踊ってみせてくんねえか』っていったら、2人で涙流しながら、アリラン、アリランと踊ってくれましたよ」（徳田慶蔵）。

徳田安蔵はその後、丸山で農民組合を結成し、小作人の権利のために闘った。他地域の小作争議に応援に行っては、警察に何度も逮捕され、家宅捜索も受けたが、屈しなかった。1926年に労働農民党が結成されると、その党員にもなった。1969年、86歳で亡くなった。

武藤よしの夫、韻蔵はその後も、朝鮮人のくず買いが来ると何時間も話し込むのが常だった。「朝鮮人も日本人も同じだ」と。晩年は、船橋市で行われていた朝鮮人虐殺の慰霊祭に毎年参加していたという。

関東大震災時の朝鮮人虐殺の記録を読んでいると、朝鮮人をかくまった日本人もいたことがわかる。あれほど軽々と多くの朝鮮人の生命が奪われている最中でも、ひそかに、ときに公然と朝鮮人をかくまった人の記録にしばしば出会うのである。屋根裏にかくした、殺されようとしている子どもを連れて逃げた等である。

「朝鮮人を守った日本人」の話として最も有名なのは横浜の鶴見警察署署長の大川常吉だろう。警察署を包囲した1000人の群衆を前に「朝鮮人を殺す前にまずこの大川を殺せ」と宣言したといわれる。

この逸話は90年代に一世を風靡した藤岡信勝/自由主義史観研究会著のベストセラー『教科書が教えない歴史』[1996年]にも登場した。同書のコンセプトは、子どもや若者が日本を誇らしく思えるような歴史エピソードを集めるというものだったと記憶する。だが私は、こうした文脈で大川署長が取り上げられることには違和感をもつ。

もちろん大川署長は尊敬すべき人物である。しかし、多くの日本人が、警察や軍も含めて朝鮮人虐殺に手を染めたときに、それを拒絶した人物を、後世の日本人が「誇れる日本人」という仕方で称揚するのはやはりおかしいのではないか。朝鮮人虐殺が私たちにとって明らかに「誇れない歴史」であることをまず認識すべきだ。一人のシンドラーでドイツやナチスを免罪することはできないのと同じである。「都合がよすぎる」と言われても文句は言えまい。

もうひとつ、虐殺を拒絶した日本人は多く存在するのに、そのなかから警察署長だけを選ぶことへの違和感である。朝鮮人をかくまった庶民の話は多い。下宿人を空き部屋に隠した下宿屋。日本刀を手に職工を守った工場経営者。朝鮮人労働者を守って自らも半殺しの目にあった親方。青山学院の寄宿舎は子どもを含む70〜80人の朝鮮人をかくまったという。彼らが守りたかったのは、隣の誰かとの小さな結びつきであって、「日本人の誇り」ではない。

自由主義史観研究会の人々にとって「守った日本人」が庶民ではなく、警察署長でなくてはならないのはなぜか。彼らが誇りたい、擁護したい「日本」が、理性を失った群衆を一喝する警察署長に表象されるような「何か」だからではないだろうか（そもそも市民の生命を守るのは警察の「職務」だったはずだ）。

だが、たけりくるった「日本人」の群衆が、「朝鮮人」を殺せと叫んでいるとき、その前に一人で立ちふさがる人を支えるのは、「日本人の誇り」ではなく、「人間の矜持」ではないか。私は、朝鮮人をかくまったという記録に出会うたびに、あの9月にも、日本人のなかに「人間」であろうとした人がいたのだと感じる。もちろん、大川署長もまた、警察官としての職務を当たり前に全うすることを通じて「人間」であろうとしたのに違いない。

朝鮮人を殺した日本人と、朝鮮人を守った日本人。その間にはどのような違いがあったのだろうか。朝鮮人虐殺を研究する山岸秀はこれについて、守った事例では「たとえ差別的な関係においてであっても、日本人と朝鮮人の間に一定の日常的な人間関係が成立していた」と指摘している。つまり、朝鮮人と実際に話したこともないような連中とは違い、ふだん、朝鮮人の誰かと人としての付き合いをもっている人のなかから、「守る人」が現れたということだ。

言ってしまえば当たり前すぎる話ではある。だがこの当たり前の話を逆にしてみれば、「ヘイトクライム（差別扇動犯罪）」とは何かが見えてくる。

社会は、多くの人の結びつきの網の目でできている。そこには支配、抑圧、差別といった力が働く一方で、そうした力に歪められながらも、助け合うための結びつきも確かにあり、それこそが当たり前の日常を支えている。

植民地支配という構造によって深刻に歪められながらも、当時の朝鮮人と日本人の間においてさえ、生きている日常の場では、ときに同僚だったり、商売相手だったり、友人だったり、夫婦であったりという結びつきがあった。

だが虐殺者は、朝鮮人の個々の誰かであるものを「敵＝朝鮮人」という記号に変えて「非人間」化し、それへの暴力を扇動する。誰かの同僚であり、友人である個々の誰かへの暴力が「我々日本人」による敵への防衛行動として正当化される。その結果、「我々日本人」の群れが、人が生きる場に土足でなだれ込んでくることになる。当時の証言には、自宅に乱入した自警団が日本人の妻の目の前で朝鮮人の夫を殺した、というものがある。ここにはヘイトクライムの恐ろしさが分かりやすく現れている。

ヘイトクライムは、日常の場を支えている最低限の小さな結びつきを破壊する犯罪でもあるのだ。ごく日常的な、小さな信頼関係を守るために、危険を冒さなくてはならなかった人々の存在は、日常の場に乱入し「こいつは朝鮮人、こいつは敵」と叫んで暴力を扇動するヘイトクライムの悪質さ、深刻さをこそ伝えている。

それにしても、私たちはすっかり忘れているが、右傾化の危機が叫ばれ始めた90年代には、「日本の誇り」を叫ぶ人々は自警団から朝鮮人を守った大川署長を英雄として称揚していたのだった。今日、同種の人々は関東大震災時の朝鮮人虐殺を「自警団が悪い朝鮮人を征伐した事件」と考え、自警団をこそ英雄と考えている。今さらながら、日本社会が深刻な水位に来ていることに慄然とする。

化石しろ、醜い骸骨！
秋田雨雀の「さびしさ」

秋田雨雀《あきたうじゃく》［1883〜1962］は劇作家、童話作家として知られる。関東大震災当時は40歳。数年前から社会主義に接近し、ヒューマニスティックな作風で注目されていた。

1923年9月1日、彼は秋田県にいたが、震災の報を聞いて東京に戻る。雑司が谷の自宅にたどり着いたのは6日のことだったが、その帰路で、彼は殺人を自慢する自警団員と、それを平然と受け入れる群衆を目撃した。多くの朝鮮人留学生と親交を結び、彼らの人間性と民族解放への思いに共感していた秋田にとって、これは大きな衝撃だった。「僕は淋しかった！」と、日本人同胞への失望のなかで一人孤立した思いを書き残している。

翌年4月、彼は戯曲「骸骨《がいこつ》の舞跳《ぶちょう》」を発表する。朝鮮人虐殺に対する人間としての怒りをストレートに叩きつける作品であり、彼の戯曲としての代表作となった。

物語の舞台となるのは、震災直後、東京から東北方面に150里のN駅。時間は深夜。傷を負った避難民が収容された救護テントの中だ。疲れきり、ささくれだった人であふれている。

主人公の青年は、老人が不安げに語る朝鮮人襲来の噂を否定して、むしろ朝鮮人が虐殺されている事実を告げる。「僕は日本人がつくづく嫌やになりました。もう少し落ち着いた人間らしい国民だと思いました。それが今度のことですっかり裏切られてしまいました」。しかし続けてこうも言う。「僕は国民として日本人には失望しましたが、人間としての日本人には失望していません」。

しばらくすると、自警団の一団がテントに入ってくる。甲冑に陣羽織、在郷軍人の制服、そして手に手に槍や刀と、大時代で滑稽ないでたちである。このなかに朝鮮人の奴が隠れている、と宣言する彼らは、まもなく、青年と老人の後ろに隠れる若い男を発見する。「僕は何もしないんです」「僕は日本人です」と必死に否定する男だが、生年を年号で聞かれて言葉につまってしまう。自警団はおびえる彼の口ぶりを真似して嘲笑する。

このとき、主人公の青年が「よし給え！　君達に何の権利があってそんなことを聞くんですか？」と抗議する。このあとに続く彼の大演説は、秋田雨雀自身の叫びそのものである。

甲冑、陣羽織、柔道着…。／君達には一体着る衣服がないのか？

（中略）

君達のいうように、／この人は朝鮮人かも知れない、

しかし朝鮮人は君たちの敵ではない。／日本人、日本人、日本人、

日本人は君たちに何をしたろう？／日本人を苦しめているのは、

朝鮮人でなく日本人自身だ！

そんな簡単な事実が諸君には解っていないのか？

（中略）

この人にも敵はあるだろう、
然《しか》しそれは君達じゃないんだ。
君達には解っていない。／何も知らない。
何にも知らされていない。／また何も知ろうと思っていない。
君達の仲間は、この人の友達を
罪も武器もない、／一枚の葉のように従順で無邪気な人達を、
君達の仲間は理由もなく殺したのだ！

（中略）

この人こそほんとうの人間だ！
君達は一体何んだ？／君達の持っているものは、
黴《かび》の生えた死んだ道徳だけだ。
甲冑や陣羽織は骨董品として、／価値があるだろう。
然し生きた人間に何になろう？
もし諸君の心臓の中に血が流れているならば、
諸君は諸君自身の着物が要る筈《はず》だ。

その甲冑を脱いで見給え、／その陣羽織を脱いで見給え、
諸君は生命のない操《あやつり》人形だ！／死蝋だ！
木乃伊《ミイラ》だ！／骸骨だ！

青年の激しい抗議に、自警団の人々は憎しみの目を向ける。「不逞日本人だ…」「主義者だ…」「危険人物だ…」「2人をやっつけろ！」。老人はうろたえ、女たちは泣き叫ぶ。テントの中は混乱状態になる。自警団がにじり寄って来る前で、青年は朝鮮人の若者の手をとってさらに語る。

何百人、何千人が、何百年何千年前から、
自分の愛する民衆のために、／殺されたか？
私達は馬鹿な民衆に媚びるために、／生れたのじゃない、
戦って死ぬために生れたのだ！
正義と友情のために死んで、／行くのだ…。

（中略）

新しい神秘よ！／力と友情との、
新しい人類の結合のために、／生れ出づる神秘よ！
沸上《わきあが》って／この魂のない醜い潜在の黴を払い落せ！
卑劣なる先祖崇拝の虚偽と／英雄主義と、／民族主義との仮面をはぎとって、／醜い骸骨の舞跳《ぶちょう》をおどらせよ。
オオケストラよ、／暫《しば》く待って呉れ、
化石しろ、／醜い骸骨！
化石しろ、／醜い骸骨！

青年が叫ぶと、甲冑やら陣羽織やら鉢巻やらが、刀を振り上げた姿のままで化石になってしまう。続け

て「骸骨よ、跳《おど》り出せ！」と命じると、骸骨と化した自警団は音楽に乗って激しく踊り始め、次第に弱っていく。すると、舞台のそでから鋭い笑い声が響いてくる。


死んだ人々よ／よく笑って呉れた！

オオケストラよ、／最後に別れの輪舞曲を…。

醜い骸骨共よ、／跳りながら消え失せよ！


骸骨たちは関節から折れて地面に倒れていく。一瞬、舞台は暗黒に包まれ、再びほの明るくなったテントのなかでは、女たちがすすり泣いている。看護婦が静かに口を開く。

「お気の毒でした…でもやっぱり…」

こうして、物語は2人の死を暗示して終わる。


秋田雨雀は、早くも1923年11月に朝鮮人虐殺についての論考を読売新聞紙上で発表している。「民族解放の道徳」と題されたこの論考で彼は、自警団に現れた残虐性が、「戦争によって国家的地位を確立した」日本では「道徳の性質を帯びている」と指摘し、日本人は「国民道徳」から解放されて、「本当の広い自由な新しい道徳」「人類共存の生活」へと進まなくてはならないと主張する。そして、「もし今日の国民教育或いは民族精神というようなものを是認し或いはビ縫して行ったならば、恐らく日本人は幾度も幾度もみにくい残虐性を暴露して、民族の持っているいい素質さえも失ってしまうだろう」

と警告した。

自警団の暴力に、彼は日本の行く末をはっきりと見ていたのである。

おん身らは誰を殺したと思ふ
折口信夫が見た日本人の別の貌

国びとの
心《うら》さぶる世に値《あ》ひしより、
顔よき子らも、
頼まずなりぬ

大正12年の地震の時、9月4日の夕方ここ（増上寺山門）を通つて、私は下谷・根津の方へむかつた。自警団と称する団体の人々が、刀を抜きそばめて私をとり囲んだ。その表情を忘れない。戦争の時にも思ひ出した。戦争の後にも思ひ出した。平らかな生を楽しむ国びとだと思つてゐたが、一旦《いったん》事があると、あんなにすさみ切つてしまふ。あの時代に値《あ》つて以来といふものは、此国《このくに》の、わが心ひく優れた顔の女子達を見ても、心をゆるして思ふやうな事が出来なくなつてしまつた。

折口信夫《おりくちしのぶ》［1887〜1953］の晩年の言葉である。

折口は国文学、民俗学、詩歌や小説と、幅広い領域で活動した人である。歌人としては「釈迢空《しゃくちょうくう》」と名乗った。しかし、折口といえばやはり民俗学研究が思いおこされる。

折口民俗学の観念で広く知られるのは「まれびと」論だろう。柳田国男が、日本の神の起源を共同体の同質性を保障する祖先への崇拝に求めたのに対して、折口は神の起源を共同体の外、遠い異郷・異界からやってきて幸せをもたらす異質な「まれびと神」への信仰だと考えた。沖縄に、海の向こうの異界「ニライカナイ」への信仰や異装のまれびとが村を訪れる「アカマタ・クロマタ」祭りが今も残っていると知った折口は、二度にわたって沖縄を訪ね、調査を行った。

1923年9月1日を、彼は北九州の門司港で迎えている。二度目の沖縄旅行を終えて帰る途中であった。その後、3日夜に横浜に上陸し、4日の正午から夜まで歩き続けて、ようやく谷中清水町（今の池之端）の自宅に戻ることができたのであった。

彼はその道々で、「酸鼻な、残虐な色々の姿」を見ることとなった。サディスティックな自警団の振る舞いに「人間の凄まじさあさましさを痛感した。此気持ちは3カ月や半年、元通りにならなかった」。彼自身が増上寺の門前で自警団に取り囲まれたのは、この日の夕方のことだった。彼は、これまで見ることのなかった、この国の人々の別の顔を見たように感じた。

このショックは従来の「滑らかな拍子」の短歌では表現できないと痛感した折口（釈迢空）は、新しい形式として4行からなる四句詩型をつくり出し、10数連の作品「砂けぶり」を創作する。そこには、彼が見た震災直後の東京が、ざらりとした手触りでよみこまれていた。

夜になつた—。
また　蝋燭《ろうそく》と流言の夜だ。
まつくらな町を　金棒ひいて
夜警に出るとしよう

かはゆい子どもが—
大道で　ぴちやぴちやしばいて居た。
あの音—。
　不逞帰順民の死骸の—。

おん身らは　誰をころしたと思ふ。
陛下のみ名において—。
　おそろしい呪文だ。
　　陛下萬歳　ばあんざあい

あなた方は、誰を殺したと思うのか。天皇の名の下で、という。
「誰」とは不思議な問いである。

あのとき殺されたのは、誰だったのだろうか。何だったのだろうか。

◉『日本近代文学大系　46巻　折口信夫集』折口信夫による自歌自註

◉◉「砂けぶり」の引用は初出のものを採用した。その後、まとめられるなかで、折口はそれぞれ手を加えている。たとえば最後の歌は「おん身らは／誰を殺したと思ふ。／かの尊い／御名においてー。／おそろしい呪文だ。／萬歳／ばんざあい」となった。

◉◉◉「帰順民」とは朝鮮人を指す言葉。韓国併合によって日本に「帰順」した人々という意味で当時使われていた。

いわんや殺戮を喜ぶなどは

芥川龍之介の「韜晦《とうかい》」

僕は善良なる市民である。しかし僕の所見によれば、菊池寛はこの資格に乏しい。

戒厳令の布かれた後、僕は巻煙草を啣《くわ》へたまま、菊池と雑談を交換してゐた。尤《もっと》も雑談とは云ふものの、地震以外の話の出た訳《わけ》ではない。その内に僕は大火の原因は○○○○○○さうだと云つた。すると菊池は眉を挙げながら、「嘘だよ、君」と一喝した。僕は勿論《もちろん》さう云はれて見れば、「ぢや嘘だらう」と云ふ外はなかつた。

しかし次手《ついで》にもう一度、何でも○○○○はボルシエヴイツキの手先ださうだと云つた。菊池は今度は眉を挙げると、「嘘さ、君、そんなことは」と叱りつけた。僕は又「へええ、それも嘘か」と忽《たちま》ち自説（?）を撤回した。

再び僕の所見によれば、善良なる市民と云ふものはボルシエヴイツキと○○○○の陰謀の存在を信ずるものである。もし万一信じられぬ場合は、少くとも信じてゐるらしい顔つきを装《よそ》はねばならぬものである。けれども野蛮なる菊池寛は信じもしなければ信じる真似もしない。これは完全に善良なる市民の資格を放棄したと見るべきである。善良なる市民たると同時に勇敢なる自警団の一員たる僕は菊池の為に惜まざるを得ない。
尤《もっと》も善良なる市民になることは、——兎《と》に角《かく》苦心を要するものである。

芥川龍之介《あくたがわりゅうのすけ》［1892〜1927］は震災当時、田端の自宅におり、町会で組織された自警団に参加している。このときに、彼がどのような体験をしたのかまでは分からない。この付近での朝鮮人殺害の証言は残っていない。恐らくは大きな出来事にでくわしてはいないだろう。

右の文章は、一読すれば分かるとおり、自警団の一員となった自らを道化役として、朝鮮人暴動の流言が横行した世相や同調圧力を皮肉り、それに惑わされることのなかった盟友・菊池寛《きくちかん》［1888〜1948］を逆説的な表現で称えるものだ。

ところが、思いもよらぬ読み方をする人がいるのである。ノンフィクション作家の工藤美代子《くどうみよこ》［1950〜］は、『関東大震災「朝鮮人虐殺」の真実』［2009年］のなかでこう解説してみせる。

「芥川龍之介は大火の原因を一部朝鮮人の犯行と見ていたようである」「芥川龍之介は菊池寛に対する激憤の行方として、自死を選んだように思えてならない」「勃興する共産主義の南下を芥川のように日本の危機とみる時代認識抜きには大正という時代は考えられない」。

ようするに、芥川は朝鮮人暴動を信じていた、ところが菊池寛にそれを否定されて憤激のあまり4年後に死を選んだというのだ。

絶句するほかない。菊池寛といえば芥川の生涯の盟友である。芥川の6通の遺書のうちひとつは菊池寛に宛てたものだし、その葬儀では菊池寛が友人代表として弔辞を読み上げている。誰でも知る通り、「芥川賞」を創設したのはほかならぬ菊池寛である。その菊池寛への憤激が芥川の自殺の原因だったとか、芥川が「共産主義の南下」を日本の危機と見ていたとか——もはや日本近代文学史を大きく塗り替える革命的珍説としか言えないが、根拠はまったく示されてはいない。

言うまでもなく、「もし万一信じられぬ場合は、少くとも信じてゐるらしい顔つきを装《よそ》はねばならぬものである」という一文に、平均的なリテラシーのある読者はふつう、「皮肉」を読む。工藤は「私は嘘つきだ」という人に出会ったら、彼のことを素直に「嘘つきだ」と思い込むのであろうか。

ちなみに同書は、関東大震災で起きたことは朝鮮人虐殺ではないと主張する本である。朝鮮人テロリスト集団による暴動は実際に起こったのであり、自警団や軍の暴力はそれへの反撃であったというのである。ここでは内容についてはこれ以上言及しないが、「アポロ11号は月に行かなかった」「プレスリーはまだ生きている」というのと同じくらいばかげた主張である。だがこのばかげた本をほとんど唯一のネタ元として、ネット上に朝鮮人虐殺否定論が広がっているのも確かだ。震災直後の新聞のデマ記事を「証拠」として掲げるこの本を、ほかならぬ産経新聞出版が出したことの罪深さも指摘しておきたい。

芥川が、自警団による朝鮮人虐殺についてどのように考えていたかについては、当時、文芸春秋に連載された「侏儒《しゅじゅ》の言葉」のなかの「或《ある》自警団員の言葉」という短文にあらわれている。「さあ、自警の部署に就かう。今夜は星も木木の梢《こずえ》に涼しい光を放つてゐる」と始まるこの文章は、自警団員の深夜の独白である。田端で夜警に立った芥川自身の姿だろう。彼は、明日を心配することもなく静かに眠る鳥を称え、それに引き換え地震によって衣食住の安心を奪われただけで苦痛を味わい、過去を悔いたり、未来を不安に思ったりする人間を「なんと云ふ情けない動物であろう」と嘆き、こう続ける。

しかしショオペンハウエルは、――まあ、哲学はやめにし給へ。我我は兎《と》に角《かく》あそこへ来た蟻と大差のないことだけは確かである。もしそれだけでも確かだとすれば、人間らしい感情の全部は一層大切にしなければならぬ。自然は唯《ただ》冷然と我我の苦痛を眺めてゐる。我我は互に憐《あわれ》まなければならぬ。

況《いわん》や殺戮《さつりく》を喜ぶなどは、——尤《もっと》も相手を絞め殺すことは議論に勝つよりも手軽である。我我は互に憐まなければならぬ。ショオペンハウエルの厭世観《えんせいかん》の我我に与えた教訓もから云ふことではなかったであらうか？

朝鮮人虐殺という事実を芥川がどう受け止めていたのか、もはや明らかだろう。

ちなみに、「芸術至上主義」と形容されることが多い芥川だが、研究者の関口安義［都留文科大学名誉教授］によれば、彼は生涯を通じて、社会の現実に強い関心を向けていたという。とくに1910年代後半以降は社会主義に関心をもっていたようだ。「社会主義は理非曲直の問題ではない。単に一つの必然である」とまで書いている。

東アジアの状況に対しても目を向けていた。震災の2年前には中国を訪れ、五四運動後の中国の抗日機運にもふれている。

革命家・章炳麟［1868〜1936］の「余の最も嫌悪する日本人は鬼が島を征伐した桃太郎である」という一言に触発され、震災の翌年には、「桃太郎」という短編も書いている。これは桃太郎一行が平和な鬼の村を侵略し、日の丸の扇を打ち振りながら虐殺、略奪、強姦をほしいままにするという、ブラックな笑いに満ちた小説である。桃太郎を侵略者として描いた最初の小説だ。ほかにも日本軍の中国での捕虜虐殺の場面が描かれた『将軍』という作品もある。

これらを読めば、朝鮮支配を含めて、彼が当時の日本の帝国主義、植民地主義をどう見ていたのかよく分かる。少なくとも、「共産主義の南下」や、ありもしない「不逞鮮人」の暴動に憤死するような愚かな人物ではなかったのは確かだ。

◉　○…は、検閲による伏字。○○○○○○○○は「不逞鮮人の放火だ」、○○○○は「不逞鮮人」と思われる。

◉◉　芥川龍之介「大正十二年九月一日の大震に際して」1923年9月

◉◉◉　芥川龍之介「侏儒の言葉」1923年11月

「無所属の人」の憤激

反骨の帝国議会議員・田渕豊吉

私は内閣諸公が最も人道上悲しむべき所の大事件を一言半句も此《この》神聖なる議会に報告しないで、又神聖なるべき筈《はず》の諸君が一言半句も此点に付て述べられないのは、非常なる憤激と悲みを有する者であります。それは何であるかと言へば、朝鮮人殺傷事件であります。（中略）千人以上の人が殺された大事件を不問に附して宜《よろし》いのであるか。朝鮮人であるから宜いと云ふ考を持つて居るのであるか。吾々《われわれ》は悪い事をした場合には、謝罪すると云ふことは、人間の礼儀でなければならぬと思ふ。（中略）

日本国民として吾々は之に向つて相当朝鮮人に対する陳謝をするとか、或《あるい》は物質的の援助をなするとかしなければ、吾々は気が済まぬやうに私は考へるのである（拍手）（中略）

被害者の遺族の救済と云ふことも講じなければならぬ。各国に向つて（震災支援に対する）謝電を送り、外国に向つて先日吾々議院が謝意を表明する前に、先づ朝鮮人に謝するのが事の順序ではなからうか。◎

田渕豊吉《たぶちとよきち》［1882〜1943］は、和歌山県御坊市生まれ。早稲田大学卒業後、ヨーロッパ各地で政治や哲学を学んだ。１９２０年に初当選して衆議院議員となるが、政党の勧誘を拒否して生涯、無所属を貫いた。「タトイ一人でも言いたい事を云ってノケル」ためである。リベラリズムの立場からの巧みな質問と鋭い野次によって、彼はすぐに名物議員となった。一方でユーモラスな奇行も多く、マスコミは親しみを込めて彼を「田渕仙人」と呼んだ。

１９２３年12月14日。この日、彼の質問の趣旨は震災復興関連であった。後半、朝鮮人虐殺問題に話が進んでいくと、議場は静まり返ったという。それでも、そのまっすぐな訴えは、議員たちの心にも響いたようだ。先の引用部分も含め、何度か拍手さえ沸き起こった。

漫画家の岡本一平《おかもといっぺい》［１８８６～１９４８］（岡本太郎の父）は、新聞紙上で、この日の田渕の姿を「自由自在、無所属なるかな。舌端、巧みを弄するに似たれど、一条の真摯、満場の腹中に通ずるものあって存す、故に弥次の妨害を蒙らず」と描写する。岡本はまた、「震後、別人の感あり」とも言う。震災前とは別人のようだと。「非常なる憤激と悲しみ」が、彼に異様な気迫を与えていた。

だが、これに対する山本権兵衛首相の答弁は、木で鼻をくくるという言葉そのものだった。

「只今田淵君より熱心にして且つ高遠なる諸方面に対しての御意見、且又質問もあつたことでございます。右に対しましては相当に御答えするの必要を認めておりますが、何にせよ、随分多岐に亙《わた》つておりますから尚《な》ほ熟考の上他日御答を致すことと御承知を願つて置きます」

熟考して、あとでお答えします（他日御答を致す）、というのだ。

翌15日には、田渕と同じ早稲田大学出身の盟友・永井柳太郎《ながいりゅうたろう》［１８８１～１９４４］が、やはり政府の責任を問う質問を行って二の矢を放つ。第1章（P41）で紹介した後藤文夫警保局長による「朝鮮人の放火」通牒は、このときに永井によって暴露されたものだ。だがこれに対しても、政府は何も答えなかった。

しかし田渕はあきらめなかった。同月23日の議会最終日、「御答」はどうなったのかと議長席に登って問い詰め、大もめする。これが尾を引いて、後に懲戒も受けた。

左翼の自由法曹団の布施辰治《ふせたつじ》［1880～1953］から、右は天皇至上主義の憲法学者である上杉慎吉《うえすぎしんきち》［1878～1929］まで、社会の各方面から、自警団は起訴しつつも警察や軍の責任は認めない政府への批判の声が上がっていた。だが当局は、これにきちんと向き合うのではなく、むしろ自警団の処罰をゆるめることでバランスをとった。たとえば、最大で80人が殺されたと見られる熊谷の事件で、実刑に服したのはたったの数人。しかも最長で懲役3年であった。

田渕の求めた「御答」は、そのまま棚上げとなった。

田渕はその後も、張作霖爆殺事件（28年）の際の真相暴露演説で議場を騒然とさせたのをはじめ、政府も野党も真っ青にさせる鋭い質問を放ち続けた。だが満州事変（31年）の翌年には、議院法の改正によって無所属の彼は質問の機会さえ事実上奪われてしまう。すると彼は、もっぱら野次を武器に闘いを続けた。41年には東条英機《とうじょうひでき》［1884～1948］に「（対米）戦争、やったらあきまへんで」と警告し、戦争が始まると、東条に追従する議員たちを「そんなことで日本が救えるか！」と一喝した。退場を命じられるのは毎度のことだった。「田渕宗」と称された熱心な支持者たちに支えられていたが、42年の選挙は大政翼賛会が相手とあって衆寡敵せず、無所属の彼は落選。その翌年、60歳の若さで亡くなった。

歴史学者の小山仁示は田渕について「自分の発言が速記録に記されることで永遠の生命をもつことにすべてを託した」のだと評している。政争を通じて政治を変えることを断念し、その代わりに、政治の場に、正しくまっとうな「言葉」を撃ち込むこと。それが彼にとっての「無所属」の意味だったのだろう。異形の代議士であるが、そんな彼がいたことで、私たちの民主主義は、1923年12月14日の「言葉」を速記録上の財産としてもつことができたのだ。

政府に「御答」を求める動きはしかし、決して終わらなかった。

80年後の2003年、日弁連が、朝鮮人虐殺の最後の生き証人と言われた文《ムン》戊仙《ムソン》の申し立てを受理。関東大震災時の朝鮮人・中国人虐殺に対する国家責任を認め、遺族への謝罪と、事件の真相究明を求める人権救済勧告を出したのである。2010年には、姜徳相や山田昭次（立教大学名誉教授）らが共同代表となって、「関東大震災朝鮮人虐殺の国家責任を問う会」という運動も発足した。●●●

田渕の無所属の言葉は、90年後の今も響き続けている。

● 『朝鮮人虐殺関連官庁史料』1923年12月14日　田渕豊吉衆議院議員による国会質問

●● 山本亨介『警世の人　田渕豊吉伝』

●●● 関東大震災朝鮮人虐殺の国家責任を問う会（http://www.shinsai-toukai.com/）

俯瞰的な視点①
虐殺はなぜ起こったのか

ここまで私は、90年まえの9月に起こったことを、東京を中心に様々な現場でみてきた。この本の目的は、俯瞰的な解説をすることよりも、当時の朝鮮人や日本人、そして中国人が見たもの、経験したものを路上の視点で追体験することにあるからだ。

とはいえ、多くの人の心中には、疑問が残るのではないだろうか。いったいどうしてこんなことが起きてしまったのか。

俯瞰的な解説は専門家の研究書にゆだねたいが、朝鮮人虐殺を目のあたりにした人々の言葉を読み、実際に90年後の現場に立つなかで私が理解したことを書いておこうと思う。

まず、「朝鮮人が暴動を起こした」「井戸に毒を入れている」といった流言が、どこでなぜ発生したのか。これについては当時の行政当局も調査しているし、研究者の間でも長く議論が続いているが、はっきりしたことは言えないようだ。

震災直後の流言は朝鮮人についてのものだけに限らなかった。「今日の午後3時に再び地震が来る」「富士山が爆発する」「西洋が機械を使って地震を起こした」など、さまざまだった。「暴動」の主役も、朝鮮人ではなくて「大本教信者《おおもときょう》」というバージョンもあった。

それでも、もっとも猛威を振るったのはやはり朝鮮人暴動の流言だった。突然の地震と火事ですべてを失った人々の驚き、恐怖、怒りをぶつける対象として、朝鮮人が選ばれたのだろうか。先に紹介した、児童の作文を集めた『朝鮮人虐殺関連児童証言史料』のなかに、焼け焦げた橋のたもとで刃物をもって立ち、通行人を誰彼かまわず詰問する男の話が出てくる。「貴様たちが俺の子どもを殺したのだろう。さあ返せ」と男は叫ぶのである。

だがそうした感情をぶつける対象として朝鮮人が選ばれたのは、決してたまたまのことではない。

その背景には、植民地支配に由来する朝鮮人蔑視があり（上野公園の銀行員を想起してほしい）、4年前の三一独立運動以降、日本人はいつか彼らに復讐されるのではないかという恐怖心や罪悪感があった。そうした感情が差別意識を作り出し、目の前の朝鮮人を「非人間」化してしまう。そして過剰な防衛意識に発した攻撃が、「非人間」に対するサディスティックな暴力へと肥大化していったのだろう。

しかし、庶民の差別意識だけでは、惨事はあそこまで拡大しなかった。事態を拡大させ、深刻化させたのは治安行政であり、軍である。震災時点での内相、水野錬太郎を頂点として治安にかかわる人々は、地震と火災によって東京が壊滅的な被害を受ける様を目前にしたとき、まっさきに反政府暴動を警戒した。さらに彼らは、独立運動を取り締まる者として、もともと普通の庶民以上に朝鮮人への差別意識と強い敵意をもっていた。だからこそ、すでに見てきたように、朝鮮人暴動の流言に接したとき、警官や官僚の一部は「さもありなん」と考えて疑わずにそれを拡散してしまったのである。こうして妄想は、中枢から現場へと還流した。

右翼の憲法学者として高名な上杉慎吉は、「関東全体を挙げて動乱の状況を呈するに至ったのは、主として警察官憲が自動車ポスター口達者の主張による大袈裟なる宣伝に由れることは、市民を挙げて目撃体験せる疑うべからざる事実である」と書いている。こうしたことは周知のことだったらしく、朝鮮人問題の報道が解禁された10月20日以降、新聞各紙は「官憲が自警団を逆上させた」「内相の責任重大」などと行政の責任を追及した。東京日日新聞（1923年10月22日付）は、以下のような読者の投書を紹介した。

「私は、三田警察署長に質問する。9月2日夜、××襲来の警報を、貴下の部下から受けた私どもが、ご注意によつて自警団を組織した時、『××と見たらば、本署へつれてこい、抵抗したらば○しても差し支えない』と、親しく貴下からうけたまはつた」

こうした警察への非難に対して、震災当時、警視庁官房主事であった正力松太郎は「警視庁としては当時最善の努力を尽くしたが、各自が自警団を組織し武器など持出して警戒した。そして根拠もない風説を信じてかうした事件が続発したことは遺憾此の上もない。警察で煽動したなどといふのは全然嘘である」と新聞にコメントしている（読売新聞10月21日付）。だがすでに見たように、後に彼は率直に自分の「失敗」を認めている。

内務省や警察がお墨付きを与えたことが、自警団による虐殺を後押しし、惨劇を関東一円に拡大させた。このことは明らかだ。

戒厳令によって強大な権限を与えられた軍も、同様に迫害を後押しする役割を果たしている。先に王希天について書いたなかで紹介した「久保野日記」には、こんな一節がある。

「軍隊が到着するや在郷軍人等非常なものだ。鮮人と見るやものも云わず、大道であろうが何処であろうが斬殺してしまうた。そして川に投げこんでしまう。余等見たのばかりで、20人一かたまり、4人、8人、皆地方人（民間人）に斬殺されてしまっていた」

ものものしく武装した軍の登場は、戦争が本当に起こっていることを人々に確信させ、〝敵〟である朝鮮人への攻撃をかえってあおったのだ。

軍の場合、それだけではすまなかった。司令部の意図はともかく、「不逞鮮人の掃討」といった命令を受けて出動した現場の部隊は、朝鮮人を敵として戦争をしているかのような雰囲気で殺気立っていた。そして実際に、彼らは多くの朝鮮人を虐殺した。当時の軍は、朝鮮では三一運動を弾圧し、シベリア出兵では村を焼き払うような対ゲリラ戦を経験している。イラクやアフガニスタンでの米軍の行動を思い出してほしい。こうした軍事的鎮圧の論理が、そのまま東京に持ち込まれたのだ。

軍が殺害した人数は、公式の記録では朝鮮人52人、中国人200人（東大島の件。軍は朝鮮人だと強弁している）、日本人35人（P67）。軍はこれらについてすべて適正な武器使用だったとしているが、状況説明を読んでも、とてもそうは思えない。また、これらの記録に入っていない虐殺の証言も多数あり、公式記録に残っているのは軍による殺害の一部にすぎないと思われる。

陸軍少将でもある津野田是重代議士は当時、「戒厳部当局は当時あたかも敵国が国内にでも乱入した場合のようなやりかたをしたのではなかったろうか」と軍の行動を批判した。◉

関東大震災時の朝鮮人虐殺は、普通の人々の間に根ざした差別意識に始まり、避難民の群れを見て真っ先に暴動の心配をするような治安優先の発想（と庶民以上の差別意識）をもつ行政が拡大させ、さらにこれに、朝鮮やシベリアで弾圧や対ゲリラ戦を戦ってきた軍が「軍事の論理」を加えることで、一層深刻化したということが言えそうである。

◉『歴史の真実　関東大震災と朝鮮人虐殺』

俯瞰的な視点②

いったい何人が殺されたのか

では、いったい何人が殺されたのか。

これについては「正確なことはわからない」というのが研究者の一致した見解のようだ。被害者の数が分からずじまいなのは、第一に当時の政府が虐殺の全貌を調査しようとせず、むしろ「埋葬したるものは速《すみや》かに火葬とすること／遺骨は内鮮人判明せざる様処置すること／起訴せられたる事件にして鮮人に被害あるものは速に其の遺骨を不明の程度に始末すること」を打ち出すなど、事件の隠蔽と矮小化、ごまかしに努めたからである。

立件された朝鮮人殺害事件はたった53件で、その被害死者数をカウントすると233人（司法省まとめ。内務省では231人）になる。だが言うまでもなく、この233人は、立件された事件の死者数の合算にすぎず、虐殺された人の総数とは言えない。

そもそも政府には、殺害に関与した者すべてを検挙する気さえなかった。

「情状酌量すべき点少なからざるを以て、騒擾に加はりたる全員を検挙することなく、検挙の範囲を顕著なるもののみに限定する」方針だったのである。

あまり逮捕者を増やすと矛先が警察や軍の責任追及へと向かうことになるのを恐れたというのが本音だ

ろう。実際に、新聞は行政の責任を問い、裁判では弁護士が証人として行政当局者の出廷を求めた。逮捕者を出した地域の人々の反発も怖かった。結局、起訴された人々の最終的な量刑も非常に甘くなった。

その「限定」に当たっても、「警察権に反抗の実ある」事件が最優先された。つまり、朝鮮人殺害そのものよりも警察に反抗して治安を乱したほうが重要だったわけである。その結果、埼玉や群馬で起きたような、警察署を襲って朝鮮人を殺した事件が、立件されたなかでは大きな存在感を占める一方で、虐殺証言が多い横浜市を含む神奈川県全体で立件されたのが2人の死についてのみという具合になる。

あれだけ多くの目撃証言がある旧四ツ木橋周辺でも、4人の死についてしか立件されていない。埋葬者だけで40人を超えた熊谷事件の死者数は「13人」ということにされている。9月5日の旧・羅漢寺での殺害は、本書でとりあげた浦辺政雄の証言だけでなく、右翼結社「黒龍会」の内田良平《うちだりょうへい》［１８７４〜１９３７］による調査にも登場するが、やはり立件されていない。暴行の怪我がもとで収容所で亡くなった人も、収容所から引き出されて殺され、98年に遺骨が発掘された高津の6人も、このなかには数えられていない。もちろん軍の「適正な」武器使用の犠牲者も入っていない。「２３３人」とは、そういう数字にすぎないのだ。

姜徳相は、『関東大震災・虐殺の記憶』のなかで、独立新聞特派員調査による「６６６１人」という数字のほかに、同じ調査団の途中までの調査に基づく吉野作造《よしのさくぞう》［１８７８〜１９３３］の「２６１３人」、内田良平の調査に基づく「東京府のみで７２２人」、新聞報道に表れている死者数を合計した「１４６４人」の数字を示している。

朝鮮総督府は、東京出張員による調査の結果として朝鮮人被殺者「８１３人」とする「見込数」を出している。

これらはもちろん、目安として参考にする以上の正確さは期待できない。身元がわからないように遺体や遺骨を処分したり、なるべく限定しようという方針の下で立件された事件の被害者総数が233人であること。10万人が地震と火災で亡くなり、避難民が大移動している状況では、「限定」の意図以前に、把握不可能な事件が多数あったと想像されること。また、子どもの作文に殺人の話が出てきても誰もあやしまないほど多くの目撃証言があり、そのなかには信頼度の高いものが少なくないことを思えば、実際に殺された朝鮮人の数は1000人単位にのぼると考えて不自然ではない。私にはそのように思える。

一方、中国人殺害については、大島で殺された人に各地で朝鮮人に間違われて殺された人を加えると、200数十人〜750人の間と推定されている。これは行政を含む日中両国の調査を根拠にしたものである。

● 朝鮮総督府警務局文書（原文カタカナ）『関東大震災朝鮮人虐殺問題関係史料4』収録

●● 『現代史資料6』収録「臨時震災救護事務局警備打合せ／大正12年9月11日決定事項」

●●● 『関東大震災朝鮮人虐殺問題関係史料4』

●●●● 日弁連「関東大震災人権救済申立事件調査報告書」。ごく短い文章だが、非常に手堅い検証をもとに、虐殺に対する国の責任を明らかにしており、この問題に関心がある方にはお勧めである。ネットで読むことができる。http://www.azusawa.jp/shiryou/kantou-200309.html

第4章
90年後の「9月」

悼む人々
「四ツ木橋」のたもとに建った碑

1970年代。足立区の小学校で教鞭をとっていた絹田幸恵《きぬたゆきえ》［1930〜2008］は、研究熱心な先生だった。近くを流れる荒川放水路が人工の川であることを子どもたちに教えるために、自分の足で放水路の歴史を調べ始めたのである。土木工事について基礎から勉強し、関連部署に通っては資料を集め、話を聞く。さらに絹田は、土地の老人たちに開削当時のことを聞いて歩くようになった。

77年ごろのある日、一人の老人を訪ねた絹田は、その話に衝撃を受ける。関東大震災のとき、荒川にかかっていた旧四ツ木橋周辺で大勢の朝鮮人が殺され、その遺体が河川敷に埋められたというのだ。老人は「お経でも上げてくれれば供養になるのだが」とつぶやいた。

「大変なことを聞いてしまった」。絹田はそう思った。その後も、何人もの老人たちから同様の話を聞いた。絹田は、いまだ埋もれているであろう朝鮮人たちの遺骨を発掘し、老人の言う「供養」を実現したいという思いをふくらませていく。

どうしたら発掘が実現するのか、どうすれば「供養」になるのか。分からないまま、たった一人で模索を始めた彼女だったが、次第に志を共有する仲間たちが集まってきた。こうして82年、「関東大震災時に虐殺された朝鮮人の遺骨を発掘し慰霊する会」（後に「慰霊」から「追悼」に改名）が発足する。この年、行政との交渉の結果、ごく短期的な試掘が許され、遺体が埋まっている可能性が高い堤防と河川敷のうち、発掘が可能な河川敷3カ所を試掘することができた。

だが遺体は出てこなかった。その後、1923年11月半ばに、警察が2度にわたってこの一帯を掘り返して遺体を持ち去っていたことが、当時の新聞資料でわかった。「追悼する会」は、その後も地域での聞き取りを続けた。証言者の数は10年間で100人を超える。1923年9月の旧四ツ木橋の惨劇は、こうした努力によって明らかにされてきたのである。

遺骨の収集が果たせなかった「追悼する会」は、「供養」を追悼碑の建立によって行うことを決める。絹田と仲間たちの、新しい目標だった。

「朝鮮人の殺された到る処に鮮人塚を建て、永久に悔悟と謝罪の意を表し、以て日鮮融和の道を開くこと。しからざる限り日鮮親和は到底見込みなし」◉

震災の1年後、「民衆の弁護士」と呼ばれた山崎《やまざき》今朝《けさ》弥《や》［1877〜1954］が書いた一文である。植民地支配を美化するスローガンとして当時、「内鮮融和」という言葉が使われており、山崎の「日鮮融和」もそれを連想させる表現だが、彼の思想性を考えれば、ここでは「日朝両民族の和解」といった意味で使っているのだろう。

震災後、朝鮮人虐殺の事実が広く明らかになったにもかかわらず、政府や行政はその責任をまったく認めず、もちろん政府としての謝罪もなされなかった。わず

◉「選外壱等」

かな数の自警団員が、非常に軽い刑に服しただけであった。

追悼の動きはないわけではなかったが、やはり不十分なものだった。山崎の言うような「塚」は、埼玉、群馬、千葉など、ひどい虐殺があった場所で民間の手によって確かに建てられたが、その碑文には朝鮮人たちが虐殺によって命を落としたという事実を明記したものはひとつもなかった。約100人が殺されたと見られている埼玉県本庄市でも、震災の翌年、慰霊碑が建立されたが、そこにはただ「鮮人之碑」とだけ彫られていたのである。朝鮮人の理不尽な死を悼む思いがあるからこそ、彼らは慰霊碑を建てたのだろうが、その一方で、地域の人々こそが彼らを殺したのだという重い現実を直視できなかったのだろう。

もちろん、当局がそれを望まなかったことも大きい。朝鮮人団体や労働組合、キリスト教徒などは震災直後から抗議集会、あるいは追悼集会を開いたが、それらは警察の強硬な取締りを受けた。集会で朝鮮人が抗議の声をあげると、たちまち集会への解散命令が下り、警官隊がなだれ込んでくるのが常であった。政府は、虐殺の事実を忘れさせたかったのである。

とはいうものの、首都周辺でこれだけの虐殺があったのに政府として追悼のポーズを見せないわけにはいかず、政府に近い立場の人々が集まり、震災の翌々月、10月28日に芝増上寺で「朝鮮同胞追悼法要」が開かれた。これは、死者を追悼してみせつつ、虐殺への怒りも責任も不問にする性格のものだった。まさに先に書いた「内鮮融和」を狙ったものである。東京府知事や国会議員たちが、神妙な顔つきで列席した。

このとき、ひとつのトラブルが起きたことが記録されている。法要の発起人にも名を連ねた朝鮮人の作家、鄭然圭《チョン・ヨンギュ》［1899〜1979］の弔辞朗読を認めずに式を進めようとして、主催者が鄭の抗議を受けたのである。鄭はその数日前、新聞の取材に対して、司法省の発表した朝鮮人被殺者数（233人）は桁がひとつ違っているのではないか、罪は自警団のみで警察や軍の落ち度はなかったのか、とコメントしていた。そのため、主催者は鄭の弔辞を恐れていた。

予定されていた鄭の弔辞朗読を無視して、司会が焼香に移ろうとしたとき、彼は立ち上がって霊前に進み、列席者に向かってこう叫んだ。

「諸君は何故に私の弔詞を阻止するのだ。人類同愛の精神によって敢《あえ》て主催者の一人に加わり今日の美しき法要に加わった私の立場が斯《か》くも虐げられるとは、諸君の或る者が強いて行ったことに相違あるまい。思わざる不幸である。今日の此《この》醜態は一生忘れることが出来ぬ」

鄭然圭は自らも自警団に襲われ、警察に収監された経験を持つ。また惨劇後の亀戸署を取材し、ゴミ捨て場に投げ捨てられた白骨も目撃している。現実に目を背ける者たちへの怒りと無念が「美しき法要」という反語的表現に表れている。司会はこのとき、弔辞朗読を飛ばして焼香に移ったのは「多忙の際の手落ちである」と言い訳したという。

彼は霊前に立ったまま、弔辞を読み始めた。

「1923年10月28日　小弟鄭然圭、血涙に咽《むせ》び悲嘆にくれ、燃え猛ける焔《ほのお》の胸を抱いて、遥々故国数千里を隔て、風俗水土異り思い冷たく瞑する能はざる異郷の空に、昼は日もすがら哭《な》く。夜は夜な夜な夜もすがら迷い泣き廻る。故なく惨殺されてなほ訴ふるところもなき我同胞が三千の亡き霊に、腹ちぎられる思ひの追悼の辞を、同じ運命が未だ生き残りたるけふ（今日）の命ある半島二千万同胞の一人として、謹み悲しみに涙をのんで捧げまつる。願はくば諸霊よ、あまり慟することなく哀しみうけ給へ」

戦後、行政の妨害を受けずにすむようになると、在日朝鮮人による追悼碑の建立が各地で行なわれた。また日本人が主導する碑の建立もあらためて行われるようになった。それまで碑がひとつも存在しなかった東京でも、震災50年の節目となる1973年、超党派の国会・地方議員にも協力を得て、「関東大震災朝鮮人犠牲者追悼行事実行委員会」が横網町公園内に追悼碑を建立した。

しかし、朝鮮人虐殺を研究する山田昭次は、戦後に日本人主導で建立された慰霊碑にも依然として問題が残されていたと指摘する。関東大震災時に朝鮮人が「殺された」ことをしっかりと書くようになったのは前進としても、では「誰が殺したのか」を明確にしたものがないというのである。

その状況を変えたのが、旧四ッ木橋で殺された人々の追悼を続けていた「関東大震災時に虐殺された朝鮮人の遺骨を発掘し追悼する会」だった。2009年8月、彼らはようやく碑の建立を実現する。それは、震災から80数年を経て初めて、「誰が殺したのか」をはっきりと直視する内容だった。

「関東大震災朝鮮人犠牲者追悼行事実行委員会」が横網町公園内に建立した追悼碑

「関東大震災時　韓国・朝鮮人殉難者追悼之碑」

（碑文）

一九二三年　関東大震災の時、日本の軍隊・警察・流言蜚語を信じた民衆によって、多くの韓国・朝鮮人が殺害された。

東京の下町一帯でも、植民地下の故郷を離れ日本に来ていた人々が、名も知られぬまま尊い命を奪われた。

この歴史を心に刻み、犠牲者を追悼し、人権の回復と両民族の和解を願ってこの碑を建立する。

二〇〇九年九月
関東大震災時に虐殺された朝鮮人の遺骨を発掘し追悼する会／グループ　ほうせんか

この「追悼之碑」は、虐殺現場となった旧四ッ木橋（今は存在しない）のたもと付近にあたる土手下に置かれた。会では当初、河川敷への建立を目指していたが行政の協力を得られなかった。そのとき、この場所をゆずりたいという人が現れたのである。追悼碑の周りには、朝鮮の故郷を象徴する鳳仙花が植えられている。毎日のように掃除に来てくれる地元の人もいて、碑は常に美しく保たれている。追悼碑に手を合わせた後で、追悼する会のメンバーに「私の父は当時、朝鮮人を殺しました」と打ち明けた人もいたという。

旧四ッ木橋の虐殺の事実を知って衝撃を受け、「供養」をしたいと願い続けた絹田幸恵は、08年2月、追悼碑の完成を見ることなく、肺炎のためこの世を去った。

77歳だった。もうひとつのライフワークとなった荒川放水路の研究は、小学校教員を退職した2年後に『荒川放水路物語』にまとめられた。彼女のただ1冊の著書である同書は、91年に土木学会・出版文化賞を受賞している。

「追悼する会」は、試掘を行った82年以来、毎年9月に「韓国・朝鮮人犠牲者追悼式」を旧四ツ木橋に近い木の根橋付近の河川敷で今も続けている。90年前、多くの朝鮮人が虐殺されたその場所である。

2013年9月8日には、中国人犠牲者の追悼集会も行われた。「関東大震災で虐殺された中国人労働者を追悼する集い」と題されたこの会には、大島で虐殺された人々の遺族が来日して参加。そのなかには、逆井橋で軍人に殺された活動家、王希天の孫の姿もあった。

2009年、旧四ツ木橋がかかっていた付近の土手下に建立された「韓国・朝鮮人殉難者追悼之碑」（墨田区八広6-31-8）

憎む人々
よみがえる「朝鮮人を殺せ」

2012年秋、動画サイト「YouTube」にアップされた「お散歩」の映像は、多くの人に衝撃を与えた。「在日特権を許さない会（在特会）」という民族差別主義者（レイシスト）団体の会長である桜井誠が、十数人の仲間とともに新大久保の路地を韓流ショップの店員や客を差別的な言葉で罵りながら歩くのである。彼らはそれを「お散歩」と称し、インターネットでも中継した。映像のなかで桜井は叫んでいる。

「いい朝鮮人も悪い朝鮮人もいない。朝鮮人を皆殺しにしろ」「日本が嫌いな女ども出てこい。絞め殺してやるから出てこい」「犯罪朝鮮人を皆殺しにしろ」「コリアンタウンを焼き尽くせ」「日本社会のダニ、ゴミ、ウジムシ、在日朝鮮人の駆除処分係でございます」「ただいま叩き殺しに参りました」◉

在特会などが大久保で「韓国征伐」などのスローガンを掲げた差別デモを繰り返すようになったのは12年8月、李明博《イ・ミョンバク》大統領が竹島／独島に上陸した後のことだ。

◉ YouTube「8／25韓国征伐国民大行進in新宿7【新大久保お散歩編】」2012

彼らはその後、毎月数回、大久保通りでデモをするようになった。そして、デモが解散した後、大久保の路地を「お散歩」するのである。

しかし、13年に入ると、こうした行動に対する抗議の声が上がり始める。1月、桜井誠がツイッターで「お散歩」の成果を得意げに披露したのに対して、新大久保に通う韓流ファンの少年少女たちが非難のツイートを殺到させたのが最初だった。翌月、ネット上の呼びかけから、「レイシストをしばき隊」と名乗るグループが結成される。彼らの当初の目標はレイシストのデモ後の「散歩」阻止だった。激しい罵倒で一触即発の雰囲気を作って「散歩」を断念させる彼らの作戦は成功を収め、レイシストは路地に入れないまま帰るしかなくなった。その後は、差別デモが繰返されるたびに大久保通りで抗議のプラカードを掲げて立つ人々が増えていき、数百人の差別デモは、ついにはその数倍の人々によって包囲されるようになった。

プラカードを掲げたのはごくふつうの人々だった。無数の日の丸を掲げて罵詈雑言を浴びせてくる差別デモに向かって抗議するのは、決して簡単なことではなく、「足が震えた」という感想も何度か耳にした。当然だろう。それでも彼らは貴重な時間を割いて、リスクを背負って、民族差別に抗議した。

こうした動きはメディアに大きく取り上げられ、ヘイトスピーチを批判する世論が高まった。国会議員なども動き出すなかで、差別デモへの行政の対応も厳しくなり、在特会などのレイシスト団体は、新大久保でのデモを断念するようになった。

街頭にまで出てきて、「朝鮮人を皆殺しにしろ」などと叫ぶ人々はせいぜい数百人である。だが、彼らに憎しみと差別のガソリンを与えた、ネットやメディアの「嫌韓」と称するレイシズムは一向に収まる気配がない。それどころか、もはや偏執的というべき域に達している。

PCでネットを眺めていて、一日に一度も韓国や韓国人の悪口を聞かないですむことはまずない。出勤途中、キオスクの広告や電車内の中吊りに、韓国叩きの雑誌広告を見ない日もめったにない。大型書店の国際関係コーナーに行けば、『悪韓論』といった品性に欠けたタイトルの嫌韓本ばかりが並ぶ。冷戦時代にもアメリカやソ連を批判する本はあったが、こんなに下品で憎しみに満ちてはいなかった。そこには、韓国政府への批判を越えて、朝鮮民族への憎しみとレイシズムが色濃くにじんでいる。

この10年、こうした状況が続くなかで、多くの人がそれを異常と感じることをやめてしまった。だが、憎しみと差別の矢を向けられている人たちにとっては、それではすまない。ネットに触れ始める年齢になったころ、在日コリアンの少年少女たちはどんな気持ちでPCの前に座るのだろうか。

実は、1923年9月に至る数年間も、日本の新聞は毎日のように「不逞鮮人の陰謀」を書き立てていた。朝鮮を愛したプロレタリア作家の中西伊之助《なかにしいのすけ》〔1887〜1958〕は、この頃の空気をこのように描写している。

試みに、朝鮮及日本に於て発行せられてゐる日刊新聞の、朝鮮人に関する記事をごらんなさい。そこにはどんなことが報道せられていますか。私は寡聞にして、未だ朝鮮国土の秀麗、芸術の善美、民情の優雅を紹介報道した記事を

見たことは、殆どないと云つていいのであります。そして爆弾、短銃、襲撃、殺傷、――あらゆる戦慄すべき文字を羅列して、所謂不逞鮮人――近頃は不平鮮人と云ふ名称にとりかへられた新聞もあります――の不逞行動を報道しています。それも新聞記者の事あれかしの誇張的筆法をもつて。
若《も》し、未だ古来の朝鮮について、また現在の朝鮮及朝鮮人の知識と理解のない人々や、殊に感情の繊細な婦人などがこの日常の記事を読んだならば、朝鮮とは山賊の住む国であつて、朝鮮人とは、猛虎のたぐゐの如く考えられるだろうと思われます。朝鮮人は、何等の考慮のないジアナリズムの犠牲となつて、日本人の日常の意識の中に、黒き恐怖の幻影となって刻みつけられてゐるのであります。◉

1910年の韓国併合に至る過程で、日本人のなかには、朝鮮人蔑視の風潮が強まっていった。これにもうひとつの負の感情として「朝鮮人は怖い」というものが重ねられる契機となったのが1919年の三一独立運動である。そこでは大衆メディアとして成長しつつあった「新聞」が大きな役割を果たした。

三一独立運動は、1919年3月1日、知識人による独立宣言の発表から始まった。これをきっかけに、「朝鮮独立万歳」を叫ぶ人々が朝鮮全土で街頭にあふれ出す。第一次世界大戦の戦後処理を議論するパリ講和会議で、ウィルソン米大統領が「民族自決」原則を提起したことが、彼らを励ましていた。

だがこれに対して、日本は警察や憲兵に加えて正規軍まで投入して弾圧する。群

◉「朝鮮人のために弁ず」『婦人公論』1923年11月12月合併号（『関東大震災朝鮮人虐殺問題関連資料3』）

衆は、投石や警察署の焼き打ちなどによって反撃し、各地で激しい衝突が起きた。弾圧はエスカレートし、ソウル南方の水原《スウォン》郡堤岩里《チェアムリ》では、村人30人を教会に閉じ込めて射殺し、これに火をかけるという事件まで起こる。逮捕者は全土で4万人を超えた。デモの先頭に立ったことで逮捕された女子学生の柳寛順《ユ・グァンスン》［1902〜1920］は、獄中で死んだ。

この事件は、朝鮮人が日本の植民地支配を望んでいないことを明白に示していた。だが日本政府はこれを力で押さえ込んだのである。これに対して、中国革命を支援した宮崎滔天《みやざきとうてん》［1871〜1922］は「力を頼むものは力に倒れ、剣を頼むものは剣に敗る」と書く。また民藝運動で知られる柳宗悦《やなぎむねよし》［1889〜1961］も、植民地支配は「朝鮮の不名誉であるよりも、日本にとっての恥辱の恥辱である」と批判した。

ところが、日本社会の主流の受け止め方は、こうしたごく少数の知識人の反応とは異なるものだった。彼らは日本に抗議する朝鮮人を「怖い」と感じたのである。そうした気分を醸成するのに大きな役割を果たしたのが、当時の新聞報道だった。三一運動が始まった直後、3月10日付の東京朝日新聞はこう書いている。

「是等は最早示威運動者にあらずして暴民と化し内地人に対しては放火殺人等あらゆる手段を逞しうするものなれば早く鎮撫せざれば其危険図り知るべからず」

日本の新聞は一貫して、日本人すべてが暴徒と化した朝鮮人に襲われているという構図で事件を伝えたのだった。朝鮮人の日本支配への怒りを、さも日本人そのものへの理不尽な憎しみであるかのように歪めて報じ、衝突のなかで日本人が死ぬと「一大惨事」として描き出す一方で、朝鮮人の死は「死傷者○名」「官憲の正当防衛」と片付けて素通りした。

実際には、この事件で殺された日本人民間人はゼロであった。死傷者数は朝鮮人1190人に対して日本人は141人。そのほとんどは弾圧にあたった憲兵などであり、民間人の負傷はごくわずかであった。◉

朝鮮人が日本の支配に怒っているという事実は、もちろん当時の日本人の多くにとっては認めたくないことだっただろう。メディアはその気分にへつらい、罪のない日本人が憎しみに満ちた朝鮮人暴徒によって襲われているという、あべこべの図を描いて見せたのである。中西の言う「事あれかしの誇張的筆法」が大活躍したのだ。

三一運動以降、朝鮮人による独立運動はさまざまな形で展開されるようになる。その一部には武装闘争も含まれていたが、新聞はそれらを常に誇張し、「爆弾」「短銃」「陰謀」といった文字とともに「不逞鮮人」という憎しみの込められた文字を乱発した。こうした報道に対しては、朝鮮総督府の幹部さえも、あまりに大袈裟であると記者の集まりで批判したほどであった。

こうして日本人は、朝鮮民族の抗議の声を受け止めそこない、逆に「朝鮮人は怖い」という像をつくりあげていく。朝鮮人は日本人の意識のなかで「黒き恐怖の幻影」となった。そしてこれが、未来の惨劇を準備する。中西は先の文章に続いてこう書いている。

「私は敢えて問う、今回（関東大震災時）の鮮人暴動の流言蜚語は、この日本人の潜在意識の自然の爆発ではなかったか。この黒き幻影に対する理由なき恐怖ではな

◉数字は木村幹による。朝鮮人の死傷者数は資料によってはもっと大きくなる

かったか」

1923年9月1日。その日の朝刊にも「怪鮮人3名捕はる/陰謀団一味か」（東京朝日新聞）の見出しが躍っていた。そして昼前の震災発生。そのとき、4年にわたって育てられてきた朝鮮人への恐怖は、東京のど真ん中での白昼堂々たる「朝鮮人皆殺し」に帰結したのである。「不逞鮮人」「暴徒」という「黒き幻影」は、不逞日本人の暴徒として現実化したのだ。惨劇のさなかにも、地方紙を中心とした新聞各紙はデマを伝え続けた。

レイシズムは、それに合致する事実の断片をあちこちから寄せ集めることで、ますます強化される。韓国併合の過程でつくられた「蔑視」と、三一運動の報道によってつくられた「恐怖」は、その帰結としての関東大震災時の朝鮮人虐殺によってかえって固定化し、その後も永く、日本人を呪縛し続けた。

それでも1990年代に至る頃には、こうしたレイシズムは次第に消えていくように見えた。国際情勢も大きく変わり、民族名で活躍する在日の姿も社会のさまざまな分野で見られるようになる。時期はもう少し後になるが、韓流ブームも始まる。もはやレイシズムは過去の話のはずだった。

ところがその直後、インターネットを通じてレイシズムは新しい形で甦ってくる。21世紀に入るとメディアもこれに追従し、今では「事あれかしの誇張的筆法」をフル回転させて気分を盛り上げることに余念がない。私たちはいまだに植民地支配がつくり出した「黒き幻影」の時代、朝鮮人虐殺の残響が続く時代を生きている。

2005年、ニューオリンズの路上で

「11カ月前には、ニューオリンズの通りを2本の38口径と散弾銃を肩に担いで歩く日が来るなんてこたあ、夢にも思っちゃいなかったがね。そりゃあ、いい気分だったぜ。まるでサウスダコダのキジ狩りシーズンだった。動いたら、撃つ」

肉付きのいい腕をしたショートヘアのたくましそうな女性が付け加えた。「もちろん、相手はキジじゃないし、ここはサウスダコダじゃないわよ。でも、それのどこが悪いの?」

男はいかにも楽しげに言った。「あのときは、そんな感じだったな」(中略)「彼らは略奪者よ。このあたりでは、自分の身は自分で守るのよ」◉

2005年8月末、米国南部に上陸したハリケーン・カトリーナはニューオリンズを直撃し、全域を冠水させた。死者数1800人以上と、ハリケーン被害としては米国史上最悪となった。

◉ レベッカ・ソルニット『災害ユートピア』亜紀書房

29歳の黒人青年ドンネル・ヘリントンは、ハリケーンが上陸したとき、祖父母が住む市北部の低所得者用公営住宅にいた。彼らを置いて避難するわけにはいかなかったからだ。だが夜になると公営住宅の一階は完全に水に沈み、窓から見える街は広大な湖と化していた。救援が一向に到着する気配がないなか、ヘリントンは、従兄弟とともにボートを探し出し、祖父母を浸水の恐れのないハイウェイまで運んだ。その後も、小さな子どもたちを含む近所の人々を乗せてハイウェイと街を往復し続け、4時間かけて1000人以上の隣人たちを助け出した。

救援を要請するため、ヘリントンは助け出した人々をハイウェイに残して従兄弟たち二人とともに歩き始める。結局、公的機関の救援に出会えないまま、彼らは市の南東に隣接するアルジェ地区まで来てしまった。同地区にあったヘリントンの自宅は全壊していた。彼らは、避難の拠点となっていると聞いたミシシッピー川の波止場に行ってみることにした。

ところが波止場にあと少しまで来たとき、突然、中年の男が現れ、ヘリントンに向かって散弾銃で発砲したのである。彼は転倒し、首から血が噴き出しているのを感じた。弾は全身に突き刺さっていた。再び弾を装填し始めた男のもとを必死で逃げ出した彼らは、トラックに乗った白人の男たちに助けを求める。だが男たちは「ニガー、俺たちだってお前を撃ちかねないぜ」と冷然と答えるだけだった。

付近の住民が、ヘリントンたちを家にかくまってくれた。男たちはこの家にも押しかけ、黒人たちを引き渡せと要求する。住民はどうにか彼らを追い返すと、ヘリントンたちを車で医療センターまで運んでくれた。全身の血液の半分が失われていたが、彼は奇跡的に一命を取り留めた。

ヘリントンを撃ったのは、この地域を車でパトロールする白人の「自警団」だった。

これは、東日本大震災の後に日本でも話題となったレベッカ・ソルニット『災害ユートピア』に書かれているエピソードである。「ニューオリンズ――コモングラウンドと殺人者」と題されたその第5章は、05年にニューオリンズで起こった出来事を扱っている。

ハリケーンが上陸したとき、避難できずに被災地域に取り残されていたのは、主に黒人を中心とした貧しい人々だった。彼らはインフラが破壊された巨大施設に避難して、いっこうにやって来ない救援を待っていた。浸水に体力を奪われた老人たちがむなしく息絶えていくなか、ふだんギャングスタイルで往来をうろついていた若者たちは、街の弱い人々の命を守るため、必死で奔走していた。

ところが、取り残され、助けを待っていた彼らに向けられたのは、救援ではなく、「犯罪の横行」という流言であった。

テレビは、一部の地域でおきた商店からの略奪を恐ろしげに報道した。しかしそれは、孤立した地域で生き延びるのに必要な物資を無人のスーパーマーケットから調達する光景にすぎなかった。避難所には寒さをしのぐ毛布もなければ、最低限の食料さえもなかったのである。

被災地周辺に、次第に流言が広がっていった。市内では強盗が横行している、避難所はギャングに支配されており、殺人やレイプが頻発している、人肉を食っている者もいるらしい、と。そして最悪なことに、州知事、市長をはじめとする行政のトップの人々が、これを事実であるかのように宣伝し始めたのだ。警察署長などはテレビに出演して「避難所では赤ん坊までがレイプされている」と泣きながら訴えたという。こうした行政の発信は、メディアの暴走にお墨付きを与えた。CNNでさえ、「無法地帯ニューオリンズ」といった扇情的な報道を行っていた。

その結果、レイシズムと結びついた「治安回復」が暴走していく。救援目的で投入された州兵部隊の任務は、略奪の阻止、治安回復へと変更される。イラクから帰ったばかりの兵士たちが、自動小銃を手に装甲車で街をパトロールし始める。さらに、ファルージャ掃討戦の引き金を引いたことで悪名高いあの民間軍事会社の部隊までが、完全武装で乗り込んできた。

「貧しい黒人が人々を襲うだろう、または襲っている、ニューオリンズは獣性の渦巻く大混乱に陥っているという思い込みが、政府の対応とメディアの報道を方向づけていた。そして、そのせいで市民は自警団を結成した」。

浸水を免れた地域で白人たちが結成した自警団は、通りを行く非白人に無差別に銃撃を加えた。ある男は、ハリケーン後にアルジェ地区にやって来た医師にこう語っている。

「先生にはわからんだろうがね、やつらはおれたちを殺そうとしてたんだよ」

この医師は、自警団の暴走の原因のひとつとして、保安官が噂を流したことを挙げている。当局が「ニガーを撃って来い」と防弾チョッキと銃をわたしたという証言もある。

警察官や保安官が自ら殺人に手を染めた事例も紹介されている。「あの時期、殺人事件の捜査はいっさいしないよう上層部から命令されていた」と、ある刑事は語っている。

ソルニットは、殺された人は全体で数十人にのぼると見ているようだ。彼女は怒りを込めて書く。

「確かにメディアが執拗に書き立てた殺人集団は存在した。ただし、それは白人の老人たちであり、その公道での行動は明るみには出なかった」と。

読んでいて背筋が寒くなる。これは90年前の東京の光景とまったく同じである。レイシズム、流言、行政やメディアの煽動、自警団と行政機関による殺人、隠蔽、裁かれない犯罪。ヘリントンの全身に残った無数の傷は、荒川鉄橋上で襲われた慎昌範《シン・チャンボム》の傷と重なる。21世紀にもまったく同じ構図で虐殺が起きるという事実から、私たちは何を受け取るべきなのか。

本のタイトルとなった「災害ユートピア」とは、自然災害の現場で人々がおのずと作り出す相互扶助の空間のことを指している。その反対に、災害現場に行政が持ち込む人災として、ソルニットは「エリート・パニック」という概念を紹介する。災害時の公権力の無力化に対して、これを自分たちの支配の正統性への挑戦ととらえる行政エリートたちが起こす恐慌である。「社会的混乱に対する恐怖、貧乏人やマイノリティや移民に対する恐怖、火事場泥棒や窃盗に対する強迫観念、すぐに致死的手段に訴える性向、噂をもとに起こすアクション」だ。

ここから見えるのは、ある種の行政エリートの脳内にある「治安」という概念が、必ずしも人々の生命と健康を守ることを意味しないということである。それどころか、マイノリティや移民の生命や健康など、最初から員数に入っていないということである。

ニューオリンズのある地域には、被害の深刻な一帯と安全な郊外を結ぶ橋があった。土砂降りの雨のなか、橋をわたって避難しようとした人々――赤ん坊を抱いた母親、松葉杖の老人などを含む人々は、保安官たちの威嚇射撃によってけちらされたという。市内の被災者を救助の対象ではなく、治安に対する脅威とみたのである。後にこの命令を非難された警察署長はこう語っている。「あの決断について、あとからあれこれ説明する気はありません。正しい理由のもとに下した決断だったという自信がありますから。良心の呵責など微塵もなしに、毎晩、眠りについています」。

この言葉は、彼らにとっての「治安」が何であるかを物語っているが、私はこれを読んで、1923年に日本のエリートたちが残したいくつかの言葉を思い出す。

「流言蜚語、其ものは少しも害にならなかったものを伝播したのではなくして、此注意は当時にあって、甚だ必要なるものでありしと云ふことも疑なきことでありますす」（後藤新平内相〈震災直後に水野錬太郎から引き継いで就任した〉）。

「平地に波瀾を起こしたものならともかく、アノ当時の状態としてアレ丈の事に気がついたのは寧ろよい事をしたとさへ思つている」（埼玉県内務部長。「東京日日新聞」1923年10月24日付）

暴動はデマだったし、いくらかの朝鮮人が死んだかもしれないが、万が一に備えて「治安」を守ろうとした結果だから仕方ないだろう、と言うわけである。朝鮮人の生命は最初から「治安」のなかに含まれていないから、こうした論理が出てくる。

そして、彼らとまったく同質の言葉を公然と語った行政エリートを、私たちは現代の日本にも見つけることができる。その言葉を最後に置いて、次のページに進もう。

「騒じょう事件が起こったときに仮定して、三軍を出動して治安の対策をしてもらううんぬんと言ったのは、言うことが良いことなの。これが抑止力になるの」。

2012年まで13年間、東京都知事を務めた石原慎太郎《いしはらしんたろう》［1932〜］の発言である。

東京は今も、90年前のトラウマを抱えている
石原「三国人」発言とエリートパニック

「今日の東京をみますと、不法入国した多くの三国人、外国人が非常に凶悪な犯罪を繰り返している。もはや東京の犯罪の形は過去と違ってきた。こういう状況で、すごく大きな災害が起きた時には大きな大きな騒じょう事件すらですね想定される、そういう現状であります。こういうことに対処するためには我々警察の力をもっても限りがある。だからこそ、そういう時に皆さん（自衛隊）に出動願って、災害の救急だけではなしに、やはり治安の維持も一つ皆さんの大きな目的として遂行していただきたいということを期待しております」

（「毎日新聞」2000年4月11日）

「東京の犯罪は凶悪化しており、全部三国人、つまり不法入国して居座っている外国人じゃないか」「（関東大震災の時に在日朝鮮人が虐殺されたことに触れ）今度は逆に不法に入国している外国人が必ず騒じょう事件を起こす」

（「毎日新聞」同年4月11日付）

「騒じょう事件が起こったときに仮定して、三軍を出動して治安の対策をして

もらうんぬんと言ったのは、言うことが良いことなの。これが抑止力になるの」

（「毎日新聞」同年4月13日付）

「中国製の覚せい剤がどんどんどんどん輸入されてきて、売るのはパキスタン人」「もっともっと多量な、そういう危険な薬物が、まさに『三国人』、外国人の手によってまん延してんだ、この日本に」「肩身の狭い、後ろめたい思いをしている外国人がいて、現に狡知にたけた犯罪をしていながらだね、つまり、なかなか手が及ばない。それが大きな災害の時、どんな形で爆発するかということを考えたら、私は知事として本当に寒心に耐えないね」「だから私は、その人間たちが大きな引き金を引いて、大きな騒じょう事件を起こす可能性があると」「とにかく国家に頼んで治安の出動を要請する。その演出をすることで、未然に防げると思ったんで、あえてそういう発言をしてきました」

（「毎日新聞」同年4月14日付）

2000年4月9日、当時の石原慎太郎都知事が陸上自衛隊第1師団の行事で隊員たちを前に語った、いわゆる「三国人発言」である。正確に言うと、最初のものが「三国人発言」そのもので、後に紹介したのは、それへの批判に対する反論、釈明として、石原都知事が会見で語った内容だ。

ここまで読み進んでいただいている読者には、この発言がなぜおそろしいのかを細かく説明する必要は、もはやないだろう。当時は「三国人」という差別表現にばかり焦点があてられていたが、それは問題の矮小化である。

ここには、かつて朝鮮人虐殺を拡大させてしまった行政当局の問題のすべてがある。外国人に対する差別・偏見。その偏見に基づく風聞を信じ込む態度。それを拡散して恥じない感覚。「治安」最優先の災害対応イメージ。軍事の論理の動員（ちなみに石原がその隊員の前で演説した「第1師団」は、関東大震災当時の戒厳軍の主力であった）。

石原都知事在任中に東京で直下型の大地震がおきなかったことは、都民にとって本当に幸運なことだった。差別的な予見をもった男が行政のトップに立ち、地震の際には外国人が暴動を起こすから自衛隊を治安出動させろ、それが抑止力になると言っているのだ。とんでもない過ちを犯す可能性があった。

もちろん、21世紀の東京でさすがに先祖伝来の日本刀を持ち出す人はいないだろう。しかし自警団は1995年の阪神淡路大震災でも登場している。私の友人のジャーナリストは深夜、被災地を移動中に泥棒と間違えられ、バットをもった自警団に取り囲まれている。それでも神戸では「犯人を捕まえようといった積極的攻撃的活動は、危険であるとして回避される傾向にあった」◉から、大事には至らなかった。

そして、阪神淡路大震災でも東日本大震災でも、外国人が悪事を働いているといった類の流言は存在した。東京で大地震が起こるときも、必ず流されるだろう。行政がそれへの対応をまちがった場合、それが現実に跳ね返って、思わぬ形で思わぬ犠牲者を生む可能性を、私は否定できない。

私が、「関東大震災時の朝鮮人虐殺は過去のことではない」と考えるのは、こう

◉『世界史としての関東大震災』

いうリアルな話としてであって、単なる修辞ではない。

防災行政に求められるのは、レベッカ・ソルニットが指摘したようなエリート・パニックに乗せられた「治安対策」ではなく、災害弱者である外国人などのマイノリティを支援する政策であり、差別的な流言によって彼らに被害が及ぶようなことがないようにする対応である。最低限、行政が率先して差別的な予見で動かないことだ。その大前提は、関東大震災の経験を教訓化し、決して忘れないことである。そのことは、もちろん行政だけでなく、私たちの社会そのものに求められている。

三国人発言直後、人材育成コンサルタントの辛淑玉《シン・スゴ》［1959〜］がこう語っている。

「東京は、関東大震災の時、朝鮮半島出身者に対する襲撃事件が現実に発生した都市である。その東京の特殊性を考慮するなら、次の震災時に備えて、無法者から外国籍住民の安全を確保する準備を考える方が健全であろう」◉

東京の特殊性。私たちは、かつてレイシズムによって多くの隣人を虐殺したという特殊な歴史をもつ都市に住んでいるのである。関東大震災の記憶は、在日コリアンの間で今も悪夢として想起され続けている。そして日本人の側は、ありもしなかった「朝鮮人暴動」の鮮烈なイメージを、くりかえし意識下から引っ張り出してきた。石原「三国人発言」も、そこから生まれてきたものだ。過ちを繰り返さないために、東京は、90年前のトラウマに今もとらわれていることを自覚しなければならない。

そういう意味で、レイシズムやその扇動は、道徳的に間違っているだけでなく、私たちの社会にとって、火薬庫で火遊びをするほどに危険なのである。

◉ 2000年4月13日付「毎日新聞」

とくに私たちの住む東京で絶対に許してはならないのが、関東大震災時に「朝鮮人暴動」が実際にあったと主張する、歴史修正主義の名にも値しないプロパガンダである。その内容は確かにお粗末だが、だからといって放置するわけにはいかない。「関東大震災時には実際に朝鮮人暴動があり、放火やテロが行われた」と信じる人々は、東京を再び大地震が襲った時に、どのような発想をするだろうか。彼らは揺れが収まると真っ先に「外国人の暴動」を心配するだろう。思いもよらない火災の拡大を見たとき、まず「外国人の放火」を疑うだろう。

彼らはそうした妄想を、そのままインターネットに垂れ流すだろう。そして、同じような妄想にとらわれた人が「やっぱりか」とそれをさらに拡大する。そのなかには、事実かどうかなどどうでもいい、外国人をたたく絶好の機会だとはしゃぐ者もいるだろう。

その先に何が起こるか。

虐殺の事実を否定することは、未来の虐殺を準備することになる。関東大震災時の朝鮮人虐殺という史実をさかさまにねじ曲げ、「災害時には外国人・少数者に気をつけろ」というゆがんだ「教訓」を引き出す行為を絶対に許してはならない。

「非人間」化に抗する

具学永《グ・ハギョン》の墓を立てた宮澤菊次郎は、あんま師だった。

具学永は埼玉県寄居町に住む、アメ売りの若者であった。1923年9月6日深夜、彼は隣村から押し寄せた自警団に殺害された（P98）。

私は、地元の人々が建てたという彼の墓を訪れてみた。その際、墓の側面に「宮澤菊次郎　他有志之者」とあるのを見たが、その時点ではそれが誰なのかを知らなかった。立派な墓石を見て、私は、「地元の有力者なのだろうか」と首をかしげるしかなかった。手元の資料の中に宮澤菊次郎があんま師であることが記されていることに気づいたのは、その後だった。あんま師がそれほど裕福とも思われないので、「他有志之者」がそれなりに費用を出したのだろう。

目抜き通りを売り声をあげながら行き来するアメ売りと、あんま師。私には、彼らが出会う光景が想像できるような気がする。街にはテキ屋とか、呼び込みとか、占い師とか、路上を行き来して稼ぎ、暮らす人がいるものである。私には辻占いの友人がいたから、その匂いを少しは知っている。

寄居は荒川に面する水上交通の拠点であり、かつては宿場町でもあった。大正の頃、その目抜き通りは今よりもずっと華やかだったに違いない。おそらくはその路上で、彼らは出会った。二人は、路上を行き来して生計を立てている者として、互いに身近な存在だったのだろう。

もうひとつ、あんまといえば、当時はもっぱら視覚障害者の仕事である。宮澤菊次郎は、声と手触り、体温を通じてのみ、具学永を知っていたのかもしれないとも思う。

さらに私は、具学永につけられた「感天愁雨信士」という戒名からも、込められた思いを受け取る。「雨」の字にも、具学永が売っていた「アメ」を読み込んだのではないかと空想する。

もちろん、本には「宮澤菊次郎というあんま師が具学永の遺体を引き取り、墓を建てた」としか書いていない。実際には、それ以上のことは何もわからない。だが、とにかく具学永を親しく思う誰かがいたから、その死を悼む人がいたから、あの墓がある。

私がこの本でもっとも大事にしたいと考えたのは、関東大震災時の朝鮮人・中国人虐殺について、事実を「知る」こと以上に、「感じる」ことだった。

関東大震災時に、朝鮮人たちは「不逞鮮人」と呼ばれて殺されたが、「不逞鮮人」とはそもそも、日本の植民地支配に抵抗する人々を指す言葉として当時のマスコミで多用されていた。震災の4年前に起こった朝鮮独立のための三一独立運動も、「不逞鮮人の暴動」とされていたのだ。

外国の強権支配に怒るのは、人間として当然の感情だ。それを否定するには、相手を、その訴えに耳を傾ける必要がない「非人間」として描く必要がある。朝鮮人が、向き合って対話をする必要がない、その能力がない相手であるかのように描くため、「嘘つき」「犯罪者」「外国の手先」等々といったあらゆる否定的なレッテルを貼り付けるキャンペーンが行われたのである。

関東大震災はそんななかで起こった。朝鮮人を「非人間」化する「不逞鮮人」というイメージが増殖し、存在そのものの否定である虐殺に帰結したのは、論理としては当然だった。

いま、その歴史をなぞるかのように、週刊誌やネットでは「韓国」「朝鮮」と名がつく人や要素の「非人間」化の嵐が吹き荒れている。そこでは、植民地支配に由来する差別感情にせっせと薪がくべられている。「中国」についても似たようなものだろう。

それは90年代の歴史認識問題から始まったのだと思う。南京大虐殺や日本軍「慰安婦」など、日本の「負の歴史」とされる史実を——私は歴史に正負があるとは思わないが——打ち消すために、その被害者、被害国の「非人間」化が必要だったのだ。21世紀に入ると、「非人間」化の営みは、歴史の打ち消しから、「良い韓国人も悪い韓国人も殺せ」という、存在の否定にまで行き着いた。

しかし、元日本軍「慰安婦」を指して「あのお婆さんたちは泣きながら訴えているが、実際には売春を強制させられたわけではない」という語りが、「くたばれ売春ババア」に行き着くのは、もともとそこに「非人間」化の論理があったからで、不思議でもなんでもない。そして、たまには「ヘイトスピーチ」に眉をしかめてみせるメディアは、今や毎日、毎週、「嫌韓」「嫌中」と称する「非人間」化キャンペーンを続けて、レイシズムに栄養を与えている。

「非人間」化をすすめる者たちが恐れているのは、人々が相手を普通の人間と認めて、その声に耳を傾けることだ。そのとき、相手の「非人間」化によらなければ通用しない歴史観やイデオロギーや妄執やナルシシズムは崩壊してしまう。だからこそ彼らは、「共感」というパイプを必死にふさごうとする。人間として受け止め、考えるべき史実を、何人死んだかといった類の無感情な数字論争に変えてしまうのも、耳をふさぎ、共感を防ぐための手段にすぎない。

私は、90年前の東京の路上に確かに存在した人々のことを少しでも近くに感じる作業を、読者と共有したかったからこそ、この本を書いた。記号としての朝鮮人や日本人ではなく、名前をもつ誰かとしての朝鮮人や中国人や日本人がそこにいたことを伝えたかったのだ。「共感」こそ、やつらが恐れるものだから。

そして、文章をまとめていくなかで気づいたのは、実は90年前の路上もまた、「非人間」化と共感がせめぎあう現場だったということだ。ときには同じ人間の中でそのせめぎあいがおきている。殺してしまった相手を、殺した人々が供養するのは、そういうことだろう。

とくに、宮澤菊次郎と具学永の間にあったような、小さな共感を思う。歴史問題や外交といった、一見、身近な世界からは遠くに思える次元から始まる「非人間」化が、昂じていけば、そんな誰かと誰かの共感の糸まで断ち切ってしまうことを、おぼえておきたい。

上野、両国、千歳烏山、高円寺、神楽坂……90年前、私たちがよく知る東京の路上が、共感と「非人間」化のせめぎあいの現場だった。結果として、数千人とも言われる人々を殺してしまった都市に、私たちは今も住んでいて、再びそのせめぎあいのなかにいる。

右翼政治家たちがけしかけ、メディアが展開する、集団ヒステリーのような「非人間」化＝レイシズム・キャンペーンを、誰も疑問に思わない状況。それはどこにたどり着くのだろうか。私たちはそのなかで、いつまで当たり前の共感を手放さずにいられるだろうか。90年前の9月に確かに存在した、具学永、洪其白、鄭チヨ、徳田安蔵、岩波清貞、染川春彦といった人々のことを、私は覚えておこうと思う。

参考文献一覧

第1章 １９２３年9月、ジェノサイドの街で

【9月1日　土曜日　午前11時58分　マグニチュード7・9】

関東大震災を記録する会編『手記・関東大震災』（新評論、１９７５年）
安田政彦『災害復興の日本史』（吉川弘文館、２０１３年）
東京都慰霊協会『忘れない。伝えたい』（パンフレット、２０１３年）
山田昭次「関東大震災と現代」（関東大震災80周年記念行事実行委員会編『世界史としての関東大震災』日本経済評論社、２００４年に収録）

【9月2日　日曜日　未明　品川警察署前　「朝鮮人を殺せ」】

朝鮮大学校『関東大震災における朝鮮人虐殺の真相と実態　復刻版』（一粒出版、２０１０年。原本は１９６３年）【以下、『真相と実態』】
琴秉洞編『朝鮮人虐殺関連官庁史料』（緑陰書房、１９９７年）【以下、『官庁史料』】
金賛汀『在日、激動の百年』（朝日新聞社、２００４年）

【午前5時　荒川・旧四ッ木橋付近　薪の山のように】

関東大震災時に虐殺された朝鮮人の遺骨を発掘し追悼する会編『風よ鳳仙花の歌をはこべ』（教育史料出版会、１９９２年）
石川悌二『東京の橋』（新人物往来社、１９７７年）
『真相と実態』

【昼　神楽坂下　神楽坂、白昼の凶行】

中島健蔵『昭和時代』岩波新書

【午後　警視庁　警察がデマを信じるとき】

正力松太郎『悪戦苦闘』（日本図書センター、１９９９年）
関東大震災時に虐殺された朝鮮人の遺骨を発掘し追悼する会『関東大震災時・朝鮮人関連「流言蜚語」・東京証言集』（冊子、２０１２年）
中央防災会議「１９２３関東大震災報告書　第2編　第4章　混乱による被害の拡大」（２００９年）

【午後2時　亀戸駅付近　騒擾の街】
関東大震災五十周年朝鮮人犠牲者追悼行事実行委員会編『歴史の真実　関東大震災と朝鮮人虐殺』（現代史出版会、１９７５年）【以下、『歴史の真実』】
姜徳相・琴秉洞編『現代史資料６　関東大震災と朝鮮人』（みすず書房、１９６３年）【以下、『現代史資料６』】
『風よ鳳仙花の歌をはこべ』
松尾章一監修／田崎公司・坂本昇編集『関東大震災政府陸海軍関係史料２巻　陸軍関係史料』（日本経済評論社、１９９７年）
関東大震災時に虐殺された朝鮮人の遺骨を発掘し追悼する会『関東大震災時朝鮮人虐殺事件　東京下町フィールドワーク資料』（冊子、２０１１年）

【午後8時　千歳烏山　椎の木は誰のために】
山田昭次編『朝鮮人虐殺関連新聞報道史料』（緑蔭書房、２００４年）
下山照夫編『大橋場の跡　石柱碑建立記念の栞』（発売・岩田書院、１９８７年）
『現代史資料６』
関東大震災時に虐殺された朝鮮人の遺骨を発掘し追悼する会『関東大震災時　朝鮮人虐殺事件　東京フィールドワーク資料（下町以外編）』（冊子、２０１２年）

【9月　旧四ツ木橋付近　「なにもしていない」と泣いていた】
絹田幸恵『荒川放水路物語』（新草出版、１９９０年）
『風よ鳳仙花の歌をはこべ』

【9月3日　月曜日　午前　上野公園　流されやすい人】
染川藍泉『震災日誌』（日本評論社、１９８１年）
『歴史の真実』
『現代史資料６』

【午後3時　東大島　中国人はなぜ殺されたのか】
田原洋『関東大震災と王希天事件』（三一書房、１９８２年）
仁木ふみ子『震災下の中国人虐殺』（青木書店、１９９３年）
『関東大震災政府陸海軍関係史料２巻　陸軍関係史料』
中国人虐殺を報告した「広瀬外事課長直話」などを収めた外務省文書「大島町事件其他支那人殺傷事件」のつづりは、国立公文書館アジア歴史資料センターのＨＰから閲覧することができる（レファレンスコードＢ０４０１３３２２８００）

第2章 1923年9月、地方へと拡がる悪夢

【午後4時　永代橋付近　曖昧さに埋められているのは】
関東大震災85周年シンポジウム実行委員会編『震災・戒厳令・虐殺』（三一書房、2008年）
『関東大震災政府陸海軍関係史料2巻　陸軍関係史料』
角田房子『甘粕大尉』（ちくま文庫、2005年）

【9月4日　火曜日　午前2時　京成線・荒川鉄橋上　体に残った無数の傷】
『真相と実態』

【朝　亀戸署　警察署の中で】
姜徳相『関東大震災・虐殺の記憶』（青丘文化社、2003年）
田原洋『関東大震災と王希天事件』（三一書房、1982年）
『真相と実態』

【9月　旧四ツ木橋　兵隊の機関銃で殺された】
『風よ鳳仙花の歌をはこべ』

【9月　北関東　流言は列車に乗って】
江口渙『わが文学半世紀・続』（春陽堂書店、1958年）
朝日新聞1996年4月14日付
下野新聞2013年9月2日付
鈴木淳『関東大震災』（ちくま新書、2004年）
関東大震災60周年朝鮮人犠牲者調査追悼実行委員会編『かくされていた歴史　増補保存版』（日朝協会埼玉県連合会、1987年）
『歴史の真実』／『真相と実態』／『風よ鳳仙花の歌をはこべ』

【9月4日　火曜日　夜　熊谷　「万歳」の声とともに】
山岸秀『関東大震災と朝鮮人虐殺　80年後の徹底検証』（早稲田出版、2002年）【以下、『徹底検証』】
北沢文武『大正の朝鮮人虐殺事件』（鳩の森書房、1980年）
『現代史資料6』

【9月5日　水曜日　午後4時半　旧・羅漢寺付近　差しだされた16人】
『震災下の中国人虐殺』
『風よ鳳仙花の歌をはこべ』／『現代史資料6』／『関東大震災・虐殺の記憶』／『関東大震災と王希天事件』

第3章　あの9月を生きた人々

【9月6日　木曜日　午前2時　埼玉県寄居町　ある隣人の死】
『現代史資料6』／『徹底検証』／『大正の朝鮮人虐殺事件』／『かくされていた歴史』

【9月　高円寺「半月おじいさん」の高円寺】
『風よ鳳仙花の歌をはこべ』

【9月9日（日曜日）前後　池袋　あそこに朝鮮人が行く！】
『風よ鳳仙花の歌をはこべ』

【9月　喜平橋　武蔵野の森の奥で】
神山金作『ふるさと昔ばなし第1号』〈私家版〉（小平市文化振興財団「小平ふるさと村」〈小平市天神町〉に所蔵、2006年）
『現代史資料6』

【9月12日　水曜日　未明　逆井橋　王希天、70年の「行方不明」】
『歴史の真実』／『震災下の中国人虐殺』／『関東大震災と王希天事件』
千葉県における追悼・調査実行委員会編『いわれなく殺された人々』（青木書店、1983年）

【あまりにもひどい光景だった　ノンフィクション作家・保阪正康の父が生きた人生】
保阪正康『風来記　わが昭和史（1）青春の巻』（平凡社、2013年）
北原糸子『日本災害史』（吉川弘文館、2006年）
『朝鮮人虐殺関連新聞報道史料』／『震災下の中国人虐殺』

【「鮮人の頭だけごろがって居ました」子どもたちの見た朝鮮人虐殺】
琴秉洞編『朝鮮人虐殺関連児童証言史料』（緑蔭書房、1989年）
『朝鮮人虐殺関連新聞報道史料』

【間違えられた日本人「千田是也」を生んだ出来事】
『歴史の真実』／『いわれなく殺された人びと』／『真相と実態』
『決定版昭和史4』（毎日新聞社、1984年）

【75年後に掘り出された遺骨　習志野収容所で殺された人々】
朝日新聞1999年1月12日付

第4章 90年後の「9月」

沖縄タイムス2003年6月13日付
『いわれなく殺された人びと』／『関東大震災・虐殺の記憶』

【「あの朝鮮人たちに指一本ふれさせねえぞ」 隣人をかくまった村人たち】
『関東大震災時・朝鮮人関連「流言蜚語」・東京証言集』
『歴史の真実』／『いわれなく殺された人びと』／『徹底検証』

【化石しろ、醜い骸骨！ 秋田雨雀の「さびしさ」】
『日本プロレタリア文学集35』（新日本出版社、1988年。同書には秋田雨雀のほか、亀戸署で殺された平沢計七の作品なども収められている）
山田昭次『関東大震災時の朝鮮人虐殺とその後』（創史社、2011年）
『歴史の真実』

【おん身らは誰を殺したと思ふ 折口信夫が見た日本人の別の貌】
『日本近代文学大系 46巻 折口信夫集』（角川書店、1972年）
石井正己『文豪たちの関東大震災体験記』（小学館101新書、2013年）
『折口信夫』（筑摩書房、2008年）
中沢新一『未来から来た古代人』（ちくまプリマー新書、2008年）

【いわんや殺戮を喜ぶなどは 芥川龍之介の「韜晦」】
芥川龍之介「大正十二年九月一日の大震に際して」1923年、同「侏儒の言葉」1923年（青空文庫）
工藤美代子『関東大震災「朝鮮人虐殺」の真実』（産経新聞出版、2009年）
関口安義『よみがえる芥川龍之介』（NHKライブラリー、2006年）

【「無所属の人」の憤激 反骨の帝国議会議員・田渕豊吉】
『官庁史料』
山本亨介『警世の人 田渕豊吉伝』（詩画工房、1990年）
小山仁示「権勢に抗した田淵豊吉代議士」（『月刊ヒューマンライツ』2003年8月号）、同「権勢に抗した田淵豊吉代議士Ⅱ」（同12月号）
日弁連「関東大震災人権救済申立事件調査報告書」（http://www.azusawa.jp/shiryou/kantou-200309.html）

【俯瞰的な視点① 虐殺はなぜ起こったのか】
『関東大震災時の朝鮮人虐殺とその後』
『歴史の真実』／『関東大震災・虐殺の記憶』／『朝鮮人虐殺関連児童証言史料』

【俯瞰的な視点②　いったい何人が殺されたのか】
宮地忠彦『震災と治安秩序構想』（クレイン、2012年）
日弁連「関東大震災人権救済申立事件調査報告書」
琴秉洞編『関東大震災朝鮮人虐殺問題関係史料4　朝鮮人虐殺に関する植民地朝鮮の反応』（緑蔭書房、1996年）
『現代史資料』／『関東大震災・虐殺の記憶』

【悼む人々　「四ッ木橋」のたもとに建った碑】
『風よ鳳仙花の歌をはこべ』／ブログ「玉乗りする猫の秘かな愉しみ」絹田幸恵関連記事
『荒川放水路物語』
『関東大震災時の朝鮮人虐殺とその後』
『関東大震災時朝鮮人虐殺事件　東京フィールドワーク資料（下町以外編）』
山崎今朝弥『地震・憲兵・火事・巡査』（岩波文庫、1982年）

【憎む人々　よみがえる「朝鮮人を殺せ」】

『関東大震災朝鮮人虐殺問題関係資料3　知識人の反応2』

木村幹「『不潔』と『恐れ』　文学者に見る日本人の韓国イメージ」（岡本幸治編著『近代日本のアジア観』ミネルヴァ書房、1998年。収録）

『関東大震災時・朝鮮人関連「流言蜚語」・東京証言集』

『震災と治安秩序構想』

【2005年、ニューオリンズの路上で】
レベッカ・ソルニット『災害ユートピア』（亜紀書房、2010年）
『現代史資料』／『関東大震災・虐殺の記憶』／『かくされていた歴史』

【東京は今も、90年前のトラウマを抱えている　石原「三国人」発言とエリートパニック】

田中正敬「近年の関東大震災史研究の動向と課題」（『世界史としての関東大震災』収録。引用部分は、文中で紹介されている斉藤豊治論文「阪神大震災と犯罪問題」のもの）

【「非人間」化に抗する】
木村幹　前掲
『関東大震災時の朝鮮人虐殺とその後』

関東大震災時の朝鮮人・中国人虐殺をもっと知るためのブックガイド

吉村昭『関東大震災』（文春文庫、2004年＝新装版）

菊池寛賞を受賞した記録文学の名作。史料を踏まえた迫力に満ちた文章で、あのとき起きたことを記録している。流言と朝鮮人虐殺に大きくページを割いている。地震国日本に住む私たちすべてに必読ともいうべき一冊だが、とくに朝鮮人虐殺問題に関心がある人には、入り口としてお勧めしたい。

姜徳相『関東大震災・虐殺の記憶』（青丘文化社、2003年）

1975年に出された『関東大震災』（中公新書）に、その後わかってきたいくつかの事実（習志野の収容者殺害など）を加えた増補版。残念ながら両方ともすでに絶版だが、朝鮮人虐殺問題の全体像を理解するには古典というべき著作。流言の伝播とその背景、行政の動向と責任など、基本的な事実関係と、この問題を考えるときの重要な論点が示されている。どちらも多くの図書館で読むことができるが、中公新書版の古本は数百円で購入可能。コンパクトでありお勧めである。

関東大震災時に虐殺された朝鮮人の遺骨を発掘し追悼する会編『風よ鳳仙花の歌をはこべ』（教育史料出版会、1992年）

まとめたのは、旧四ツ木橋周辺の虐殺の事実を掘り起こし、追悼碑を建てた「追悼する会」。下町を中心に、虐殺を目撃した人びと、虐殺をかろうじて免れた朝鮮人たちの証言を数多く収めている。無名の人々の言葉から見えてくるのは、全体像ではなく、「そのとき、街で何がおきていたのか」である。

宮地忠彦『震災と治安秩序構想』（クレイン、2012年）

副題は「大正デモクラシー期の『善導』主義をめぐって」。1970年生まれの若い研究者（立教大学准教授）による、新しい視点からの研究。「警察の民衆化」「民衆の警察化」を志向する大正期の治安政策改革の潮流を「善導」主義と呼び、震災時の自警団の暴走や行政の混乱をその破綻として位置づけている。378ページと大部だが、先行世代による朝鮮人虐殺研究や事実の掘り起こしをしっかりと受け継いだうえで自らの研究を展開していることに感動する。都市問題の研究書に与えられる「藤田賞」を受賞。

中央防災会議災害教訓の継承に関する専門調査会『1923関東大震災報告書第2編』（2009年）

中央防災会議は内閣府の政策会議のひとつで、全閣僚と指定公共機関の代表者、学識経験者によって構成される。朝鮮人虐殺問題について扱った第4章はインターネットで読むことができる。「第4章　混乱による被害の拡大」「第2節　殺傷事件の発生」で検索のこと。朝鮮人虐殺について書かれた正確な文書で、ネット上で読めるものとしても貴重である。

http://www.bousai.go.jp/kyoiku/kyokun/kyoukunnokeishou/rep/1923-kantoDAISHINSAI_2/

中国人虐殺については、田原洋『関東大震災と王希天事件』（三一書房、1982年）、仁木ふみ子『震災下の中国人虐殺』（青木書店、1993年）、同『関東大震災　中国人大虐殺』（岩波ブックレット、1991年）がある。どれも読みやすい良書であるが、入手困難。図書館で探すか、古本での入手を試みていただくしかない。

あとがき

「まえがき」でもふれたように、私は東京の新大久保で生まれ、育っている。70年代の新大久保は、今と違って至って地味な商店街だったが、それでも新宿に隣接している土地柄から、多様な階層の人々が交じり合って住んでいた。適度に都会で適度に下町的な地域の雰囲気は、子どもたちをゆるく包んでくれていた。在日コリアンの子もいた。たとえば柔道黒帯の李くんや甲高い声がかわいい高さん。二人ともクラスの人気者だった。

ところが差別というのは陰湿に隠れているのだ。「あいつ、ホントは朝鮮人なんだ」といったことをヒソヒソと話す子がいる。今思えば、親に差別意識を吹き込まれていたのだろうと思う。そしてこうした差別は、あるとき突然、公然と噴き出すのである。

小学校3年のときだ。私の友人たちがある女の子を「やーい朝鮮人！」とはやし立てていじめたことがあった。加わらなかった私も、仲間と見なされて担任の先生に呼び出された。図書室に行ってみると、いつも笑顔の優しい福満先生は、本当に発火するのではないかと思うほどの怒りを漂わせて窓の外を眺めていた。私は震え上がった。先生はしかし静かに、絞り出すような声で、彼が戦時中に見た、炭鉱で悲惨な労働を強いられる朝鮮人の姿を語った。当時の私はその内容を十分には理解できなかったが、怒りと悲しみはひしひしと伝わってきた。子どもながらに、民族差別は人として許されないことなのだと知った。今では顔も思い出せないが、あのときの福満先生の燃えるような背中を、私は一生忘れないだろう。

その後、私は民族や国の異なる多くの友人たちと出会ってきた。在日コリアン、韓国人、中国人、アメリカ人。彼らは尊敬できる先輩であり、義理堅い仲間であり、心を開ける友であり、気持ちのいい若者たちだった。私にとって大切な彼らとの記憶の多くが、東京のいくつかの街の名前と結びついている。

様々なアイデンティティーをもつ人々が行きかう東京が、私は好きだ。しかし、そうした多様性を豊かさへと育てていくには、努力が必要なのだと思う。関東大震災時の虐殺を隠蔽せずに記憶しておくことは、その一部である。それは単に過去の話ではなく、人々の心に残った傷を修復し、未来に繰り返させないために必要なのだ。これこそ、最重要な「防災」のひとつだと私は考える。

最後に、資料の読み方について何度も質問させていただいた「関東大震災時に虐殺された朝鮮人の遺骨を発掘し追悼する会」の皆さん、超多忙のなか趣旨に賛同して各章の扉ページのデザインをしてくれたソウルの若い友人진작_KenZ、取材と撮影の強行軍をともにした「民族差別への抗議行動・知らせ隊」の仲間たち、煮詰まったときにいつも新鮮なヒントをくれた妻に、感謝します。そして誰よりも福満先生に。

加藤直樹

加藤直樹（かとう・なおき）

1967年東京都生まれ。法政大学中退。出版社勤務を経てフリーランスに。鹿島拾市の名で、宮崎滔天や「蟻の街」をつくった松居桃楼、朝鮮人女性飛行士の朴敬元など、近現代史上の人物論を中心に「社会新報」他の媒体に執筆。『九月、東京の路上で』が初の著書となる。

テキストデータの提供について

本書を購入された方で、弱視や色弱などの理由でテキストデータを必要とされる方は、下記宛てにご連絡ください。
本文のみテキストデータをメール送信いたします。

九月、東京の路上で
1923年関東大震災ジェノサイドの残響

2014年3月11日 初版発行
2023年3月11日 9刷発行
定価1800円＋税
ISBN 978-4-907239-05-3
COSH

著者 加藤直樹
［トウキョウ］

パブリッシャー 木瀬貫吉
［トウキョウ］

発行 ころから
〒115-0045
東京都北区赤羽1-19-7-603
TEL 03-5939-7950
FAX 03-5939-7951
メール office@korocolor.com
公式サイト http://korocolor.com/